눈 떠보니 선진국!

해방보다 짐은이 더 좋모하다는 것은
깨끗은 때 우리는 선진국이 될 수 있다.

박태웅 드림

눈
떠보니
선진국

일러두기

본 책에 포함된 인용문 중 일부는 저작권자의 사전 허락을 받지 못했습니다.
문제 시 연락주시면 알맞은 조치를 취하겠습니다.

눈 떠보니 선진국

초판 1쇄 발행 2021년 8월 1일
초판 12쇄 발행 2021년 10월 25일

지은이 박태웅

펴낸이 조기흠
편집이사 이홍 / **책임편집** 유소영 / **기획편집** 정선영, 임지선, 박단비
마케팅 정재훈, 박태규, 김선영, 홍태형, 배태욱 / **디자인** 박진범 / **제작** 박성우, 김정우

펴낸곳 한빛비즈(주) / **주소** 서울시 서대문구 연희로2길 62 4층
전화 02-325-5506 / **팩스** 02-326-1566
등록 2008년 1월 14일 제 25100-2017-000062호

ISBN 979-11-5784-528-6 03300

이 책에 대한 의견이나 오탈자 및 잘못된 내용에 대한 수정 정보는 한빛비즈(주)의 홈페이지나
이메일(hanbitbiz@hanbit.co.kr)로 알려주십시오. 잘못된 책은 구입하신 서점에서 교환해드립니다.
책값은 뒤표지에 표시되어 있습니다.

🏠 hanbitbiz.com 🄵 facebook.com/hanbitbiz 🄽 post.naver.com/hanbit_biz
▶ youtube.com/한빛비즈 📷 instagram.com/hanbitbiz

지금 하지 않으면 할 수 없는 일이 있습니다.
책으로 펴내고 싶은 아이디어나 원고를 메일(hanbitbiz@hanbit.co.kr)로 보내주세요.
한빛비즈는 여러분의 소중한 경험과 지식을 기다리고 있습니다.

앞으로 나아갈
대한민국을 위한 제언

눈 떠보니 선진국

Already, but not yet

박태웅 지음

⊞ 한빛비즈
Hanbit Biz, Inc.

대한민국은 정말
선진국이 된 것일까

코로나는 한국에 대규모 역병의 시기이기도 했지만, 동시에 뒤늦게 찾아온 성인식이었다. 한국 사회는 이 거대한 환난의 시대를 맞아 비로소 자신의 커진 몸집과 실력을 자각하게 됐다. 봄날 진달래, 개나리, 벚꽃, 목련이 한꺼번에 터지듯 선진국으로서의 한국 사회가 곳곳에서 만개해 사람들을 어리둥절하게 했다. 봉준호 감독이 아카데미 감독상과 작품상을 타내고, BTS가 빌보드를 휩쓸고, 미국, 영국, 프랑스가 판판이 무너진 코로나 방역의 최전선에서 선진 한국 사회의 위용이 드러났다. K-반도체, K-조선, K-배터리가 세계 각국의 제조업이 붕괴된 잿더미 속에서 우뚝 솟았고, 우연인가 싶던 아카데미는 윤여정을 통해 한 번 더 한국을 찾아왔다. G7은 한국을 초청했다. 유엔경제총회인 운크타드UNCTAD는 195개 회원국 만

장일치로 한국을 개발도상국에서 선진국으로 격상시켰다. 1964년 창설 이래 개도국을 졸업한 나라는 대한민국이 처음이다. 그래서 우리는 선진국이 된 것일까? 이 책은 이 물음에 답하려는 시도다.

　우리는 반만년의 유구한 역사를 가지고 있기도 하지만 동시에 2차대전 이후의 독립국이기도 하다. 아주 짧은 미성숙의 근대와 현대를 동시에 이고 살아가고 있다는 뜻이다. 전후의 폐허에서 미친 듯한 질주로 이만큼을 왔지만, 그만큼 빼먹은 것들도 많다. 일제시대부터 지나온 경로는 여전히 발부리를 잡아챈다.

　'나와바리구역'에서 '사쓰마와리순회'를 돌며 '도쿠다네특종'를 노리는 일간지에선 아직도 깊이 있는 해외뉴스를 찾아보기 어렵다. 식민지에 해외뉴스는 불령不逞한 것이었기 때문이다. 미친 속도로 선진국을 베낀 최고의 후발추격국은 수십 년간 '어떻게'를 외쳐온 끝에 '왜'와 '무엇'을 묻는 법을 잃어버렸다. 학교에선 여전히 표준화, 규격화, 양산의 주입식 암기교육으로 산업사회를 대비하는데, 세상은 이른바 4차산업혁명기로 접어들고 있는 중이다. 왜곡된 인센티브시스템이 곳곳에서 미래의 한국 사회를 위태롭게 한다. 눈을 떠보니 선진국이 되어버린 우리는 이제 무엇을 해야 하는 것일까.

　1, 2장에선 이 질문에 대한 답을 다룬다. 서른이 넘어서도 아침저녁으로 키를 재고 있는 것 같은 경제지표들 바꾸기, 한국 사회 전체에 풍부하게 쌓여가는 신뢰자본을 제대로 쓰는 법, 공론을 만들어내는 정치가를 키우는 법, 경로의 저주 벗어나기와 같은 것들이다.

책의 후반부에선 인공지능, AI를 다루었다. AI는 스며드는 기술이다. 다른 기술들과 달리 눈에 보이지는 않지만 머지않아 세상의 거의 모든 부문에서 인간의 삶에 영향을 미치게 될 것이다. AI시대의 의미, AI가 안고 있는 위험과 기회 그리고 그에 대처하는 방법에 관해 얘기한다.

부족한 경험과 얕은 소견으로 이런 주제들에 대해 말을 한다는 게 아주 어쭙잖은 일이라고 생각한다. 그럼에도 이 책을 내는 것은, 내가 던진 질문이 대단히 훌륭한 답과 함께 돌아올 것을 믿기 때문이다. 한국은 미디어의 엄청난 소음만큼이나 집단지성이 잘 작동하는 곳이다. 곳곳의 전문가들이 엄청난 속도로 답을 함께 만들어 내는 광경을 지켜보는 일은 언제나 경이롭다.

사랑하는 어머니께 이 책을 바칠 수 있어서 진심으로 감사한 마음이다. 나한테 조금이라도 좋은 게 있다면 그것은 모두 어머니께 받은 것이다. 아내 조선희가 비슷한 시기에 《상식의 재구성 – 한국인이라는 이 신나고 괴로운 신분》을 펴냈다. 언젠가 나이가 들면 둘이 한국 현대사회에 관한 책을 함께 쓰자고 한 적이 있는데, 공저는 아니지만 이제 그 주제로 각기 책을 펴내게 됐다. 참 고마운 일이다. 돌아가신 권근술, 정태기 선배께 이 책을 보여드리지 못해 아쉬움을 금할 수 없다. 무척 좋아해주셨을 텐데.

부족한 책을 사서 읽어줄 독자분들께 진심으로 감사를 드린다. 모쪼록 모래를 헤쳐 금을 캐듯이 책속에서 한두 줄이라도 건질 것이 있기를 바랄 따름이다.

2021년 7월

박태웅

제3부 **AI의 시대**

제1부

선진국의

조건

눈을 떠 보니
선진국이 되어 있었다

BTS는 한국어로 부른 노래로 빌보드 1위를 거뜬히 해낸다. 봉준호 감독은 "아카데미는 로컬이잖아"라고 말하며 천연덕스럽게 감독상과 작품상을 포함해 4개의 아카데미 트로피를 거머쥐었다. 한국의 코로나 확진자는 2021년 1월 7일 현재 67,358명인데, 같은 기간 영국은 죽은 사람 숫자가 78,508명이다. 미국은 2,170만여 명의 확진자에, 사망자는 36만 5천여 명, 2차 대전 때 죽은 미군 숫자와 베트남전 전사자 수를 합한 것보다도 많다.

OECD경제협력개발기구는 2020년 한국 경제가 -1.1%로 세계 1위의 성장률을 기록할 것이라고 예측했다. 같은 기간 미국은 -3.7%, 일본 -5.3%, 독일 -5.5%, 프랑스 -9.1%, 영국은 -11.2%로 큰 폭의 추락을 예상했다. OECD는 "한국은 효과적인 방역 조치로 회

원국 중 GDP 위축이 가장 적은 국가다"라고 설명했다. 오바마를
비롯해 선진국의 많은 지도자들이 한국을 본받자고 목소리를 높
인다.

중국의 엄청난 물량공세에 몇 년을 고전하던 조선산업은 기술력
우위를 입증하며 액화천연가스LNG선, 초대형 원유운반선VLCC 등
고부가가치선들을 싹쓸이해 지난해 연말에만 12조 5천억 원어치
를 수주하며 중국을 저만치 떨궈냈고, 전기차 시대를 맞은 한국의
배터리와 반도체는 하늘로 치솟고 있다. 한국의 경제 규모GDP 기준
는 세계 9위로 올라섰고, 우리 앞에는 이제 여덟 나라밖에 없다. 그
래서 우리는 선진국이 된 것일까?

1. 정의定義하는 사회
— 백서白書보다 녹서綠書를!

대학교 때 일이다. 법제처를 다니던 삼촌이 내게 물었다. "태웅아,
'것인 것이다'하고 '것이다'가 뭐가 다른 것 같아?" "글쎄요, 달라 보
이지 않는데요." "그렇지? 그런데 상공부 친구들이 굳이 이걸 '것인
것이다'로 놔둬 달라고 우기네."

그때는 산업과 관련한 법률과 시행령을 선진국 일본에서 마구
가져와 베끼던 시절이었다. 일본의 법조문은 대개 "ですのである"
로 끝난다. 이것을 직역한 게 "것인 것이다"다. 원전을 하나라도 건

드리는 게 겁이 났던 시기였다.

한국은 세계 최고의 후발추격국이었다. 한국 전쟁의 잿더미 위에서 미친 속도로 앞선 나라들을 따라잡았다. '무엇을', '왜' 해야 하는지를 물을 필요는 없었다. 언제나 베낄 것이 있었고, 선진국의 앞선 사례가 있었기 때문이다. 우리에게 남은 질문은 단지 '어떻게'뿐이었다. 정답은 늘 '밖에서 주어지는' 것이었다. '왜'라고 물어본 적 없이 수십 년을 '어떻게'를 풀며 여기까지 왔다.

'원격진료'(원격의료)와 관련하여 우리 사회에서 일어나고 있는 공방은, '정의를 내려본 적 없는' 후발추격국 한국의 관행을 선명하게 보여준다. 지난해 3월 매경에 실린 원격의료와 관련한 이슈 토론˙을 보자. 최윤섭 박사는 이 토론이 처음부터 엇나갈 수밖에 없었다고 설명한다. 김미영 님은 만성 질환에 대한 원격 환자 모니터링을, 김대하 님은 전화 진료, 특히 초진의 경우를 가정하고 얘기하는 것이라 논의의 출발이 애초에 달랐다는 것이다. 심지어 정부에서 내놓는 자료도 자신이 말하는 '원격의료'가 무엇을 의미하는지를 정의하지 않은 채, 다짜고짜 '어떻게' 하겠다 얘기를 나열한다. 원격진료와 관련한 논의가 겉돌 수밖에 없는 이유다.

최 박사에 따르면 원격진료는 '누가, 누구에게, 언제, 무엇을, 어떻게'의 다섯 가지 질문에 따라 아래와 같은 다양한 층위로 구성

˙ https://n.news.naver.com/article/009/0004534753

누가	누구에게	언제	무엇을	어떻게
모든 의사 1차 병원 의사 지역별 의사 지역 주치의 + 원격의료 자격	모든 환자 만성질환자 지역별 환자 감염질환 환자 격오지 환자	항상 초진/재진 팬데믹 상황	진단 및 처방 교육 및 상담 내원 안내 단순 모니터링	문자 음성전화 화상전화 + 웨어러블 챗봇 AI 스피커 + 인공지능

된다.[*]

예를 들어 누가 원격의료를 제공할 것인가만 봐도, 한국의 '모든' 의사가 하는 옵션부터, 의료 전달 체계에 따라 1, 2, 3차 병원을 기준으로 제한을 두거나, 환자의 거주지 등에 따른 지역별로 제한을 둘 수도 있다. 한국에는 주치의 제도가 없지만, 주치의 제도에 기반하여 지역의 1차 병원의 지정된 주치의에게만 원격진료를 받게 할 수도 있다. '무엇을'을 보면 진단과 처방만 할 수도 있고, 교육 및 상담을 할 수도 있고, 내원 안내를 할 수도 있고, 단순 모니터링을 할 수도 있다. 원격진료란 말로 불리지만 다 다른 일이다.

'소프트웨어 생태계'도 마찬가지다. IT 정책을 얘기할 때마다 빠

---

* http://www.yoonsupchoi.com/2020/05/20/thoughts_on_telemedicine/?=IwAR3yANfJCisIMJRX0R6ahHsEtc_-0BZ6KtOs-QcRQDDaM00p2JS_FT1rQkA

지지 않고 나오지만, 그게 어떻게 구성되어 있는지는 어디에도 정의가 없다. 대상이 뭔진 잘 모르겠지만, 아무튼 육성을 하겠다는 격이다.

'4차산업혁명' 이야기가 실마리를 줄지도 모른다. 이 정부의 초기에 4차산업혁명위원회가 만들어졌다. 그 단초가 된 것 중 하나가 독일 정부가 발간한 〈산업 4.0 Industry 4.0〉이라는 백서다. 4차산업혁명을 맞아 산업계가 어떻게 바뀔지, 그래서 무엇을 해야 할지를 담은 보고서다.

우리가 눈여겨보지 않은 것이 몇 가지 있다. 첫 번째, 이 책은 〈노동 4.0〉*이라는 백서와 짝을 지어 나왔다. 산업이 이렇게 바뀐다면 노동은 거기에 맞춰 어떻게 변해야 하는가를 다룬 보고서다. 두 번째, 그리고 더 중요한 것은 백서에 앞서 녹서綠書가 있었다는 것이다. 유럽연합은 녹서라는 제도를 가지고 있다. 녹서는 정책을 결정하기에 앞서 사회 전체의 토론을 요청하는 제안이다. 독일 정부는 〈노동 4.0〉이라는 백서를 내놓기 2년 전 〈노동 4.0〉이라는 녹서를 내놓고 전 독일 사회의 토론과 의견 개진을 요청했다. 시민들의 토론을 이끌기 위해 '미래 Futurale'라는 이름의 영화 시리즈를 독일 전역 18개 도시의 극장에서 상영하기도 했다. 녹서는 "디지털화 되어가는 사회적 변동 속에서 '좋은 노동'이라고 하는 이상은 어떻게 유

● https://www.yeosijae.org/research/150

지되고 강화될 수 있을 것인가?"를 독일 사회에 물었다. 그 과정을 거쳐 발간된 것이 〈노동 4.0〉 백서다.

연방노동사회부 장관 안드레아 날레스Andrea Nahles의 〈노동 4.0〉 백서 서문 일부를 인용한다.

"하루 8시간 1주일 36시간 노동, 직장(공장) 내 위생 상태와 근무 보장 조건의 개선, 아동 노동의 금지. 이상과 같은 사항들이 '미래의 노동'이 지향해야 할 이상향으로 그려졌던 때가 있었다. 오늘날의 이상향은 완전히 다르다. 시원한 바닷가에 편안히 앉아 노트북을 무릎에 놓고 일하는 창의적인 지식 노동자, 혹은 컴퓨터 애플리케이션을 이용하여 다음 주 원하는 작업스케줄을 계획하는 생산직 노동자 등이 현재 우리의 이상향이다.

미래의 노동시장은 오늘날과 상당히 달라질 것이 분명한데, 과연 오늘날의 상황보다 더 나을 것인가? 우리는 보다 자율적으로 우리의 노동을 결정하고 몸과 마음 모두 건강한 노동 환경을 누릴 수 있게 될 것인가? 50대에 다시 한 번 대학을 다니거나 새로운 직업을 가지기 위한 교육을 받게 될 것인가? 기계들은 우리의 직장을 앗아갈 것인가, 아니면 기계가 다양한 개선을 가능케 하고 생산력을 높이게 되어 새로운 직군을 창출하게 될 것인가?

"노동 4.0Arbeiten 4.0"이라고 하는 제목 하에 **우리는 이상과 같**

은 질문들을 녹서Grunbuch 의 형태로 던졌으며, 사회 각계각층에서 매우 광범위하게 토론이 이루어졌다. 공기업, 협회, 일반 기업, 학문 분야의 전문가, 일반 시민들이 이 토론에 참여하였다. 토론에 참여해 주시고 좋은 의견들을 내 주어 우리에게 새로운 길을 열어 준 모든 분들에게 깊이 감사를 드린다.

녹서를 통하여 질문을 던졌으니, 이제 그 질문들에 대한 대답들을 담은 백서를 발간해야 할 차례다. 이 백서에는 상기한 녹서를 통하여 시작된 대화들로부터 도출된 결론들이 요약, 정리되어 있다. 이로써 우리는 광범위한 영역에서 벌어진 사회적 논쟁들에 대하여 기록하고자 하는 것이며 **연방정부와 이를 넘어서는 영역에서 노동, 직업 세계의 미래를 사회적으로 형성하기 위한 동력을 얻고자 한다.**

독일을 위한 디지털 전환이 무척 중요한 의미를 지닌다는 점이 연방정부의 "디지털 아젠다"에서 잘 드러나고 있다. 다양한 플랫폼들 속에서 '수단, 도구ressort'와 관련된 주제가 다루어진다. 광대역망의 구축, 인터넷 접속 가능성의 확대, 철저한 개인정보 보안, 새로운 생산 개념인 "산업 4.0"의 실현 등이 현재 우리가 세우고 있는 경제적 기준이다. 바로 이와 같은 맥락에서 '노동 4.0'의 대화 프로세스가 시작되고 있는 셈이다."

그 질문들 일부를 소개하면 다음과 같다.

첫째, 디지털화에도 불구하고 미래에도 거의 모든 인간들이 직장을 가지게 될 것인가?

둘째, "디지털 플랫폼"과 같은 새로운 사업모델들이 미래의 노동에 어떻게 영향을 미칠 것인가?

셋째, 데이터의 축적과 사용이 점점 중요한 이슈가 되어가는 상황에서 노동자의 개인 정보 보호는 어떻게 이루어질 수 있을 것인가?

넷째, 미래의 세계에서 인간과 기계가 함께 협업하게 될 경우 인간 노동을 보조하고 역량을 강화시키도록 하기 위해서 어떠한 방식으로 기계들을 활용하여야 할 것인가?

다섯째, 미래의 직업세계는 보다 탄력적인 방향으로 변화될 것이다. 그러나 시간적, 공간적인 차원에서의 유연성이 노동자들을 위하여 어떠한 구체적 방식으로 가능해질 수 있을 것인가?

여섯째, 더 이상 고전적인 기업의 시스템에는 상응하지 않을 것으로 전망되는 미래의 최첨단 기업들은 사회보장이라고 하는 차원에서 어떠한 형태로 새롭게 구성되어야 할 것인가?

말하자면 독일 정부의 〈산업 4.0〉과 〈노동 4.0〉은 2년여에 걸친 전 사회적 토론의 결과물이다. 4차산업혁명이 도대체 무엇인지, 그게 우리 사회에 어떤 영향을 미치게 될지를 정의하는 데 독일 정부는 2년이 넘는 시간을 투자한 것이다.

사회 전체가 앞으로 어느 방향으로 나아가야 할지를 이렇게 토론으로 합의하고, 이슈들에 대해 전 사회의 중지를 모으고 나면, 그것을 추진하는 데 얼마만큼의 동력이 실릴지는 쉽게 예상할 수 있다.

선진국이 된다는 것은 '정의'를 내린다는 것이다. 앞보다 뒤에 훨씬 많은 나라가 있는 상태, 베낄 선례가 점점 줄어들 때 선진국이 된다. '세상의 변화가 이렇게 빠른데 어떻게 토론을 하는 데 2년이나 쓰나?'라는 생각이 떠오를 수 있다. 독일이 그렇게 2년여의 시간을 들여 낸 백서를, 화들짝 놀라서 교과서처럼 읽고 베낀 게 4년 전이다. 독일은 2년이나 시간을 들였지만, 우리보다 4년이 빨랐다. 긴 호흡으로 멀리 본 결과다.

아인슈타인은 이렇게 말했다. "나에게 세상을 구할 수 있는 단 한 시간이 주어진다면, 55분은 문제를 정의하는 것에 사용하고 나머지 5분은 그 문제를 푸는 데 쓸 것이다."

해답보다 질문이 더 중요하다는 것을 깨달을 때 우리는 선진국이 될 수 있다.

2. 데이터 기반의 사회
– 숫자가 말을 하게 해야 한다

한국 정부는 고위 공직자의 재산 내역을 PDF로 공개한다. 이것을 컴퓨터로 처리하려면 별도의 처리를 거쳐야 한다.

코먼랩스에 올라온 사례를 보자.[•]

"그냥 엑셀로 주시면 안 되나요?"

2019년 정기 재산 공개 기자 간담회에서 나온 질문이다. 공직자 재산 내역에 관심 있는 사람이면 한 번쯤 떠올렸을 물음이다. 공직 감시가 의무인 언론에서 공직자 재산 전수 분석을 하려면 PDF가 아닌 엑셀이나 CSVcomma seperated value와 같은 파일 형식이 필요할 수밖에 없다. 그래서 위 기자는 로 데이터raw data 형식을 요구한 것이다. 인사혁신처의 답은 부정적이었다.

이유는 간단했다. 엑셀로 공개해야 한다는 법률적 근거가 없다는 것이다. 하지만 반대로 PDF로 공개해야 한다는 근거도 없다. 참고로 공직자윤리법 제 10조(등록재산의 공개)에는 '관보 또는 공보에 게재하여 공개하여야 한다'라고만 나와 있다. 파일 형식에 대한 언급은 없다.

따라서 어떤 형식으로 공개할 것인지는 공직자윤리위원회의 결정에 따른다. 투명한 공개에 대한 의지가 있다면 엑셀로 공개하면 된다. 과연 그럴 수 있을까? 2021년이면 공직자 재산 공개

• http://commonslab.cc/103/%ED%95%B4%EB%AC%B5%EC%9D%80-
%EA%B3%B5%EC%A7%81%EC%9E%90-%EC%9E%AC%EC%82%B0-
%EA%B3%B5%EA%B0%9C-%EC%9D%B4%EC%A0%9C%EB%8A%94-
%EB%B3%80%ED%95%B4%EC%95%BC%EC%A3%A0-

제도가 시행된 지 30년째가 된다. 하지만 여전히 반가운 소식은 들리지 않고 있다."

PDF는 사람이 보라고 만든 포맷이다. 컴퓨터가 자동으로 처리하려면 별도의 개발이 필요하다. 수천 명분의 재산 공개 내역을 하나씩 손으로 다시 쳐 넣을 수는 없기 때문이다. 그런데 PDF를, 복잡한 알고리듬을 구현해 처리가능한 포맷으로 만드는 작업을 하는 건 사실은 불필요한 일이다. 정부가 처음부터 그냥 구조화된 데이터로 주면 그만이기 때문이다.

미국은 어떻게 하고 있을까? 미국은 데이터법에 아예 포맷을 못박고 있다. 예를 들어 백악관의 관리예산처Office of Management and Budget, OMB는 반드시 하나의 통일된 데이터 형식, 즉 '스키마'를 유지관리하여 모든 연방 지출 보고서를 구조화할 것을 법령으로 의무화하고 있다.

'데이터법 정보모델 스키마DATA Act Information Model Schema: DAIMS'●라고 불리는 이것은 쉽게 말해 정부 예산 보고서를 기계가 읽을 수 있도록 하는 표준 포맷이다. 미 연방정부는 이 포맷을 공개해 다른 정부기관들도 쉽게 쓸 수 있도록 제공한다. 정부가 공개하는 데이터는 '기계가 읽을 수 있어야 한다'Machine readable는 원칙을 법으로 구현한 것이다.

● https://fiscal.treasury.gov/data-transparency/DAIMS-current.html

한국 정부는 어떨까? 한국의 지방자치단체들이 수많은 복지 비용을 지출하고 있지만, 각 지자체의 지역사회보장계획은 정책 목표 설정이나 성과 평가를 제대로 하지 못한다. 소득불평등과 빈곤에 대한 자료를 갖고 있지 못하기 때문이다. 국세청의 행정데이터가 공유되고 있지 않은 까닭이다. 정부기관 간에도 그렇다.

전 국민 재난지원금과 선별 재난지원금은 지금도 가장 뜨거운 이슈 중 하나다. 다 줄 것인가, 선별해서 줄 것인가? 찬반의 소리가 높다. 그런데 사실 우리는 이미 전 국민 재난지원금도, 선별지원금도 지급한 경험이 있다. 그렇다면 효과를 측정해보면 되는 것 아닌가? 십수조 원의 돈이 들어간 일인데, 쓴 다음에 그 효과를 측정해보지도 않는다는 건 아주 이상한 일이다. 하다못해 작은 기업에서 1천만 원의 광고비만 써도 당연히 결과 리포트를 제출한다. 놀랍게도 기획재정부는 아직까지 어떤 보고서도 공식적으로 내놓지 않고 있다. 효과를 측정하지도 않고서 어떤 것이 더 낫다고 말하는 건 근거가 없고, 근거도 없이 십수조 원의 예산을 쓰는 건 무책임한 일이다.

정부가 숫자로 된 자료들을 이런 '구조화된' 형태로, 즉 분석가능한 데이터로 공개한다면 어떤 일이 일어날까? 민간의 수많은 전문가들이 데이터를 다각도로 분석하고, 통찰이 빛나는 논문들을 생산할 수 있게 된다. 누구든 수십 년치 숫자를 넣고 시계열 분석을 해볼 수도 있고, 다양한 개선방안들도 내놓을 수 있을 것이다.

정부는 데이터가 4차산업혁명시대의 원유라고 한다. 디지털 혁신의 캐치프레이즈도 D. N. A.데이터, 네트워크, 인공지능다. 한 해에만 558 조가 넘는 돈을 쓰는, 한국경제에서 가장 큰 단일 주체인 정부가 먼저 '데이터에 기반한' 정책을 펴는 게 D. N. A.가 성공하는 첩경이 될 것이다.

정부 CIO, CDO를 두자

이런 일들을 총괄하는 정부의 CIO최고정보책임자와 CDO최고데이터책임자가 있으면 범부처의 일들을 더욱 전문적으로 처리할 수가 있다. 미국은 일찌감치 연방 CIO와 CDO를 두고 있다.●

정부 내에 소프트웨어와 IT에 대한 이해가 깊은 CIO와 CDO들이 있어서 각 부처의 데이터 처리를 기술적으로 잘 맡아주었더라면 기획재정부가 한 해 예산을 PDF에 담아 발표하는 안타까운 일도 없었을 것이다.

비단 데이터뿐이 아니다. D. N. A.의 두 번째 항목인 네트워크도 마찬가지다. 이 안내를 보자.

● https://www.cio.gov에서 연방 CIO의 임무와 권한을, https:// strategy.data.gov에서 연방 CDO의 목표와 활동내역을 볼 수 있다.

· 작업 일정 ·

클라우드의 가장 큰 장점은 원하는 대로 용량을 끊김 없이 늘렸다 줄였다 하며 쓸 수 있다는 것이다. 그런데 스토리지를 증설하느라 전체 서비스를 중단한다?

서버에 단지 가상머신VM을 깔았다고 그걸 클라우드라고 하진 않는다. D.N.A.의 D도, N도 지금은 구멍이 뚫려 있는 것처럼 보인다.

소프트웨어에 대한 이해가 깊은 전문가가 공공영역에 있으면 어떤 일이 일어날 수 있는지를 보여주는 사례도 있다.

지난해 초 코로나 확산으로 급히 공공마스크를 배포해야 했던 때, 순조로운 배포에 큰 기여를 한 '공공마스크앱'이 있다. 공공과 시빅해커가 협업을 해 불과 3일만에 앱 개발을 끝낸 굉장한 프로젝트였다. 그때 공공부문과 시빅해커들은 사흘 내내 24시간 대화를 하며 함께 개발을 했는데, 그때 이들이 주고받은 대화들이 모두 기록으로 남아 있다. 이 기록을 읽어보면 공공기관의 담당자가 소프트웨어를 잘 알고 있다는 게 어떤 의미인지를 확실히 알 수가 있다.*

   IT 분야의 세계적인 시장조사 및 컨설팅 기관인 IDC는 2021년의 10대 주제 1번으로 DX, 즉 디지털 전환을 꼽았다. 2위가 아주 뜻밖인데 '기술부채'다. 조직 전반의 데이터, 기술, 장비뿐 아니라 프로세스와 관행까지 죄다 디지털로 바꿔야 하는데, 그 과정에서 과거의 모든 것이 부채가 되고, 이게 IT 업계에선 올해 두 번째로 큰 이슈라는 것이다.

   사회의 가장 뛰어난 자원들이 정부의 CIO, CDO로 이 큰 문제를 해결할 수 있게 해야 한다. 조그마한 회사들도 다 CTO^{최고기술경영자}, CIO를 갖고 있는데, 정작 한 해 예산 558조의 정부에 CIO 한 명이 없다는 건 터무니없는 일이다. 미국도, 영국도 진작에 다 하고 있는 일이다.

• 공적마스크개발대화방 https://codefor.kr/wiki/%EA%B3%B5%EC%A0%81%EB%A7%88%EC%8A%A4%ED%81%AC_%EA%B0%9C%EB%B0%9C_%EB%8C%80%ED%99%94%EB%B0%A9

3. 중산층이 두터운 사회

– 목표를 바꿔야 한다

경제 발전의 어느 단계까지는 양적 성장이 필요하다. 최소한의 볼륨이 있어야 하기 때문이다. 그것은 사춘기의 어느 시점까지 키가 커야 하는 것과 비슷하다. 이때는 체중을 좀 불려놓아도 결국 그게 키로 가는 때다. 그런데 서른 살이 넘어서도 아침 저녁으로 키를 재고 있다면 어떨까? 정신 나간 사람 취급을 받을 것이다. 나이에 맞는 지표가 필요하다. 더 이상 키가 자라지 않는 어른이 되면 허리둘레를 재고, 혈당과 고혈압을 재고, 최대산소섭취능력$V02max$을 재는 게 맞다.

사회도 마찬가지다. 중진국에서 이제 선진국의 문턱으로 들어선다면 GDP 하나만을 재고 있어선 안 된다. 이제는 볼륨이 일순위가 될 순 없고, 되어서도 안 되기 때문이다. 사회의 건강을 재는 역사적으로 입증된 가장 훌륭한 척도는 그 사회의 중산층 비중이다. 허리가 튼튼한 사회가 늘 가장 건강했다. 국정의 최고지표로서도 아주 훌륭하다. 이 목표를 향해 다른 정책들을 줄을 세울 수 있기 때문이다.

2차 대전 이후 그야말로 미국이 지상의 낙원이던 시절이 있었다. 전 세계가 부러워하던 시기, 그때를 우리는 대압착시대Great Compression라고 부른다. 압착이란 누른다는 뜻이다. 아래위로 내리

누른 것처럼 빈부격차가 극도로 좁혀졌던 시기, 중산층이 가장 많았던 시기다. 우리가 '미국'하면 떠올리는 이미지, 휘발유를 물쓰듯 하는 긴 세단과 교외의 주택, 흥겨운 파티와 같은 장면이 다 이때 만들어진 것이다. 대개 1930년대 중반 뉴딜 정책이 시행되고 사회 복지제도가 도입된 이후부터 1970년대 말, 부와 소득의 불평등이 다시 악화되기 시작한 시점까지로 본다.

이 이후 시대를 대분기Great Divergence라고 불렀다. 레이건이 집권하고 신자유주의가 득세하면서 빈부격차가 끝도 없이 벌어진 시기. 말하자면 고장나지 않은 것을 고쳐버린 시대다. 트럼프라는 시대적 파퓰리스트가 급기야 미국의 대통령까지 될 수 있었던 게 바로 이런 분열 때문이었다. 여기에 코로나라는 위기가 닥치고 보니 미국

미국 국민소득에서 상위 1퍼센트가 차지하는 비중

이 하나가 아니었던 게 극명하게 드러났던 것이다.

우리가 코로나 시대를 맞아 크게 놀랐던 것 중에 하나가 미국, 영국, 프랑스처럼 선진국들이 코로나에 어이없이 당하는 모습이었다. GDP 기준으로 세계 최고의 선진국들이었기 때문이다.

텍사스주가 혹한에 당하는 모습도 마찬가지다. 텍사스는 미국에서 생산되는 석유의 41%, 천연가스의 25%, 미국 전체 풍력 발전량의 28%를 담당한다. 그런데 정전으로 60여 명이 얼어 죽었다. 전기요금이 8,000%나 올라서 한 달 요금으로 2천만 원을 받아든 사람도 있다. 다른 주에서라도 전기를 받아왔더라면 좋았겠지만 텍사스는 자기들 에너지가 넘친다는 이유로 다른 주와 연결되는 전선들을 다 끊어놓은 상태였다.

텍사스주는 전력이 민영화되어 있다. 이익을 극대화하자면 다른 주에서 전기가 안 오는 게 맞다. 최소의 설비로 최대의 이윤을 뽑아내야 하고, 시장 원리에 따라 전력공급이 모자랄 때 값을 올려 돈을 최대한 많이 버는 게 맞다. 텍사스의 한 천연가스 회사 사장은 이번 한파 때문에 천연가스 가격이 '잭팟을 터뜨린 것처럼' 수직 상승해서 많이 기쁘다고 말을 해서 엄청난 욕을 먹기도 했다.

이런 게 다 GDP만을 유일한 지표로 놓는 사회의 특징이다. 범죄가 창궐해서 전국 곳곳에 교도소를 지어도 올라가는 게 GDP다. 국내총생산이 그만큼 늘었기 때문이다.

영국 노팅엄대 리처드 윌킨슨 명예교수의 연구를 보면 아주 재

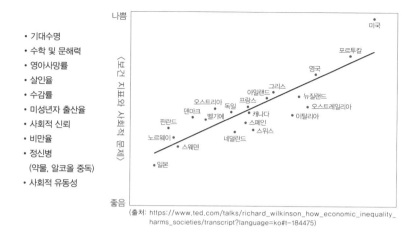

- 기대수명
- 수학 및 문해력
- 영아사망률
- 살인율
- 수감률
- 미성년자 출산율
- 사회적 신뢰
- 비만율
- 정신병
  (약물, 알코올 중독)
- 사회적 유동성

(출처: https://www.ted.com/talks/richard_wilkinson_how_economic_inequality_harms_societies/transcript?language=ko#t-184475)

미있는 발견이 있다. 수감률, 비만, 정신병, 중독 이런 사회적 지표들이 GDP와 관계를 보면 의외로 별 상관관계가 없는 걸로 나온다. 부자 나라인데도 비만율이 높고, 수감률도 높고, 덜 부자인데도 지표가 좋기도 하고.

그런데 기대수명 / 문맹률 / 영아사망률 / 살인 / 수감률 / 미성년자 출산율 / 사회적 신뢰 / 비만 / 정신병 / 중독 / 사회적 유동성, 이런 지표들을 빈부 격차순으로 비교하면 거의 Y=X에 맞먹는 아주 강한 상관관계가 나타난다. '코로나에 왜 미국, 영국, 프랑스가 그렇게 맥없이 무너졌지?'라는 부분도 이렇게 보면 상당히 설명이 된다. 'GDP가 핵심이 아니었구나'하는 것이다.

불평등을 완화해야 성장이 빨라진다는 OECD 공식보고서도 있다. 2014년 OECD는 **〈불평등과 성장〉**이라는 이름의 리포트를 내고 낙수 효과가 거짓말이라는 것을 공식적으로 밝혔다. OECD 회원국의 1985년부터 2005년까지의 지니계수(소득 분배의 불평등 정도를 나타내는 수치, '0'은 완전 평등, '1'은 완전 불평등)와, 1990년부터 2010년까지의 누적성장률을 사용해 분석을 했더니, 지니계수가 0.03포인트 악화되면 경제성장률이 무려 0.35%씩 떨어진다는 게 확인이 된 것이다. OECD는 "낙수 효과가 아니라 불평등 해소가 성장의 지름길이란 사실이 명백해졌다"면서 "불평등을 빨리 해소하는 국가가 빨리 성장할 것"이라고 밝혔다.

우리 정부의 경제정책은 여전히 GDP 중심이다. 지난해 말 발표한 2021년도 기획재정부의 경제정책을 보자. BIG3 성장동력화를 통한 제조강국 진입, 110조원 규모의 공공 / 민자 / 기업투자프로젝트, 철저한 대내외 리스크 관리를 통한 안정적 경제 운영… 발전기 시대의 낯익은 캐치프레이즈들이 문구를 바꿔가며 나열된다.

이중에서 저출산 5대 핵심과제를 보자. '부부 육아휴직 활성화, 영아수당 신설, 첫 만남꾸러미, 공공보육 확충, 다자녀 지원 확대'. 이중에서 우리가 처음 듣는 게 있나? 최근 몇 년간 열심히 해왔던 일이다. 그래서 출산율이 올라갔나? 점점 더 줄어들고 있다. '똑같은 일을 하면서 다른 결과를 바라면 미친 사람'이라고 한 건 아인슈타인이다.

지표는 GDP로 그대로 둔 채로 이 부분만 어떻게 풀어보려고 하면 이런 일이 일어난다. 당뇨병이 걸리면 발가락이 썩는다. 이때 발가락만 고치고 있으면 병이 나을까? 당뇨를 고쳐야 한다.

저출산 시대가 온 것은 우리 사회가 그만큼 살기 어려워졌다는 뜻이다. GDP는 늘고 있지만, 부는 한쪽으로 쏠린다. 드라마 〈미생〉에 정말 심금을 울리는 명 대사가 있다. "회사가 전쟁터라고? 밀어낼 때까지 그만두지 마라. 밖은 지옥이다."

한국은 자살률이 세계에서 가장 높은 나라라고 한다. 2019년 기준, 인구 10만 명을 기준으로 자살 사망자를 계산하는 자살률은 26.9명, OECD 국가 중 1위다. 그런데 이것은 반쪽만 말한 것이다. 평균은 26.9명이지만, 70대가 되면 46.2명으로 오르고, 80세 이상은 무려 67.4명으로 치솟는다. 한국은 자살률이 아니라 '노인' 자살률이 세계 최고인 나라다. 노인이 되어 일을 하지 못하게 되면 더 이상 살 길이 없어 스스로 죽는다는 것이다. 이런 각박한 판에 무슨 용기로 애를 낳겠는가? 장기적인 해법은 중산층이 두터운 사회, 서민이 살만한 사회를 만드는 것이다.

선진국이 된다는 것은 더 이상 몸집만 불려서는 안 되는 때가 되었다는 것을 자각하는 것이다. 시기에 맞는 국정지표가 필요하다. 지금 한국 사회에는 '중산층의 비율'이라는 선진의 지표가 있다.

4. 협상하는 사회

— 딜Deal을 가르쳐야 한다

할리우드 영화를 보면 빠지지 않고 나오는 장면이 있다. 딜을 하는 장면이다. 심지어는 서너 살 먹은 어린아이하고도 "내가 이것을 할 테니 너는 저것을 해줄 테냐?"라고 묻고는 "딜?", "딜!"이라는 대사와 함께 주먹을 마주친다. 세상에는 상대가 있다는 것, 혼자 다 가질 수는 없다는 것, 주고받아야 한다는 것을 어릴 적부터 생활로 익히는 것이다.

우리의 초등학교 도덕 교과서의 성격과 목표는 다음과 같다.

"도덕적인 인간과 정의로운 시민이라는 중첩된 인간상을 지향점으로 삼아 21세기 한국인으로서 갖추고 있어야 할 인성의 기본 요소인 핵심 가치를 확고하게 내면화하고, 학생의 경험 세계에서 출발하여 자신을 둘러싼 현상을 탐구하고 내면의 도덕성을 성찰함과 동시에, 스스로의 삶 속에서 실천하는 과정을 추구하는 '도덕함'의 시간과 공간을 제공하는 교과이다."

도덕함(?)에 대해선 아래와 같이 설명하고 있다.

"도덕과에서 추구하는 도덕함은 학문적 탐구로서의 윤리학 공부나 윤리 사상사에 관한 지적 이해를 넘어서서, 한 사회에서 작동하고 있는 도덕 현상에 대한 민감성에 기반을 둔 관심과 분석, 그 도덕 현상과의 상호작용을 통해 개인 내면에서 작동하는 도덕성에 관한 성찰과 실천 과정 자체를 의미하는 개념이다."

추상적인 표현들이라 쉽게 이해하긴 어렵지만, '내면의 도덕성을 성찰하고, 스스로의 삶 속에서 실천하는 과정을 추구하는 도덕함의 시간과 공간'이라거나, '개인 내면에서 작동하는 도덕성에 관한 성찰과 실천 과정 자체'라는 서술은 개인의 내면을 향하는 우리 도덕 교과서의 지향점을 보여준다.

현대 한국 사회는 별나게 조선시대에 중독된 것처럼 보인다. '상소문'은 지금도 흔히 볼 수 있고, "비옵건대 주상께서는 저 자의 목을 베어 저잣거리에 내걸어 만백성의 교훈으로 삼게 하소서"와 같은 의고체의 격앙된 글들도 자주 만나게 된다. '타협을 하느니 도끼로 목을 쳐 달라'는 선비의 굳은 절개는 지금도 추앙되는 높은 가치다. 이런 것들이 내면 지향의 교육과 만나 '갈등 사회'의 토대를 이룬다.

예전 글*에서도 썼듯이 현대 한국인의 문해 능력은 세계 최하위 수준에 가깝다. 청취력도 비슷한 수준일 것이다. 상대의 얘기를 제

---

* http://www.inews24.com/view/1238933

대로 경청한 뒤 토론하고 합의안을 찾는 것, 타협하는 법이 우리의 (입시) 교육에는 빠져 있다.

도덕적 개인은 가르치되, 합리적인 시민을 가르치지 않는 것. 신독愼獨하되 협업하지 않는 것, 현대 한국 사회의 공교육이 놓치고 있는 부분이다. 공교육을 대학까지 정상적으로 다 마쳐도 계약서 한 장을 제대로 못 쓰고, 취업을 위해 애는 쓰지만 노동법은 읽어본 적도 없고, 딜은 영화에서나 본 적이 있는 교육은 명백히 고장이 나 있다. 사람과 사람이 뉴런처럼 촘촘히 연결된 초연결의 사회에서 이런 결점은 치명적인 걸림돌이다. 도끼를 치우고, 상소문을 던져버리고, 초연결사회를 사는 현대 시민의 옷을 입어야 한다. 상대의 말을 깊이 경청하고, 서로에게 도움이 될 안을 마련해 손을 맞잡는 경험을 어릴 적부터 가르쳐야 한다.

정리해보자. 선진국이 되기까지 지독하게 달려왔다. 바람처럼 내달린 몸이 뒤쫓아오는 영혼을 기다려줄 때다. 해결해야 할 '문화지체'들이 언덕을 이루고 있다.

무턱대고 '어떻게 할까'를 고민하기 전에 '무엇'과 '왜'를 물어야 한다. 언제나 문제를 정의하는 데 가장 많은 시간을 쏟아야 한다.

숫자가 말을 할 수 있을 때 사람이 말을 하게 해서는 안 된다. 측정할 수 없으면 관리할 수 없다. 돈을 썼으면 결과를 보고해야 한다. 국가 CIO와 CDO는 이를 위해서도 반드시 갖춰야 한다.

지표를 바꿔야 한다. 서른이 넘었으면 키 재는 건 이제 그만! 중산층이 두터운 사회가 선진국이다.

합리적인 시민을 키우는 교육을 해야 한다. 혼자 사는 사람은 없다. 서로가 윈윈할 수 있는 협상과 타협의 태도가 몸에 밴 시민이 대한민국을 가장 살기 좋은 선진국으로 만들어갈 것이다.

신뢰자본을
제대로 쓸 때다

한국에 온 외국인들이 깜짝 놀라는 일들이 있다. 커피숍에 자리를 맡는다고 노트북을 올려놓는다. 노트북을 열어놓은 채로 화장실에 다녀온다. 지하철 선반에 가방을 올려두곤 잠을 잔다….

서울대 김병연 교수에 따르면 한 사회의 사람과 사람 간의 믿음이 10% 올라가면 GDP가 0.8%나 올라간다고 한다. 2020년 추정 GDP가 1,898조193억 원이니까, 0.8%면 15조쯤이 된다.

신뢰자본을 아주 잘 보여주는 사례가 있다.

서울역에는 검표원이 없다. 개찰구는 열려 있다. 승객들은 멈춰 서서 손에 든 짐을 내려놓고 차표를 꺼낼 필요 없이 자유롭게 들어간다.

원래부터 그랬던 건 아니다. 검표원이 개찰구에서 손님들이 내미는 기차표에 펀칭기로 구멍을 내던 때도 있었다. 열차를 타고 있으면 검표원이 앞뒤로 다니며 가끔 손님들에게 표를 보여달라고 요구했다. 그러다 어느 날 검표원이 사라져 버린 것이다.

이렇게 될 수 있었던 건 2가지 원인이 있다. 하나는 우리나라에 이제 신뢰자본이 두텁게 쌓이기 시작했다는 것이고, 다른 하나는 IT 기술 덕분이다. 지금도 검표원은 있다. 이분들 손에 있는 작은 단말기가 현재 객차에서 안 팔린 좌석이 어딘지를 알려준다. 검표원은 그 곳에 앉은 사람에게만 조용히 표를 요구한다.

검표는 하지 않는 대신, 무임승차를 하다 걸리면 10배에서 30배의 벌금을 물린다. 요컨대 타는 건 자유지만 무임승차를 하다 걸리면 호되게 벌을 내리는 것이다.

예전의 시스템이 몇 명의 무임승차자를 잡기 위해 모든 승객들을 불편하게 했다면, 새 방식은 거의 대부분의 승객들을 아주 편하게 하는 대신에, 잡힌 무임승차자에게는 높은 비용을 치르게 한다. 전수 검표를 하느라 생기던 개찰구의 길게 늘어선 줄도, 개찰하는 데 들던 시간과 인건비도 비할 바 없이 줄었다. 온갖 꾀를 써서 무임승차를 하는 사람은 여전히 있겠지만, 그 돈을 다 모아봐야 이 줄어든 몫의 아주 일부다.

문제는 이게 **서울역 앞에서 딱 멈춘다**는 거다. 제도로, 운영으로 이어지지 못하고 있다.

예컨대 많은 박사들과 고급 연구원들은 지금도 연구를 하는 대신에 영수증에 풀칠을 하느라 숱한 시간을 보내고 있다. 영수증을 풀로 붙이고, 연구기관 포맷에 맞게 정산서를 작성하고, 중간 진도 보고서를 또 작성하고… 하다 보면 연구기관에 소속된 행정직원인지 연구원인지 헷갈릴 정도다.

더 놀라운 건 이렇게 꼼꼼하게 관리를 하는데 정작 연구성공률은 매년 93~97% 이상이다. 정부가 민간에 연구비를 언제 지원하게 되는지를 생각해보면 이건 아주 이상한 일이다.

▶ 산업 발전에 대단히 중요한 분야인데 우리가 아주 초보 단계에 있을 때,

▶ 성공 확률이 낮아서 민간에서 투자하기가 적절하지 않을 때,

▶ 연구비가 워낙 많이 들어가는 일이라 민간기업만으로는 엄두가 나지 않을 때.

이런 경우가 될 것이다. 셋 다 성공률이 상당히 낮을 거라는 건 쉽게 짐작할 수 있다. 그런데 연구과제의 97%가 성공을 해? 뭔가 고장이 심하게 나있다는 걸 알 수 있다.

또 다른 예를 보자. 가령 인공지능과 관련하여 하나의 연구주제에 예산을 잡으려면 예타(기획재정부의 예비타당성조사)를 포함해 2년이 걸린다. 2022년도 예산에 포함하려면 전년도 2월에 중기재정계획을 기재부에 제출해야 하고, 5월에 부처 예산계획을 전달하고,

그 다음에 과제 기획하고 공모하고… 그러다 보면 2년이 지나간다. 그런데 IT쪽에선 이렇게 시간이 걸리면 막상 2년 뒤쯤에는 실효성이 사라진 경우가 많다. 이미 낡은 주제가 되어 있을 가능성이 크다는 것이다. 그러나 과제는 처음에 정한 대로 가야 한다. 예산서에 그렇게 되어 있기 때문이다. 이미 망한 연구를 시작하는 것이다.

연구하는 사람들을 믿고 재량권을 주었더라면 어떻게 됐을까? 믿을 만한 사람과 팀을 택한 다음 그들이 마음껏 연구개발을 할 수 있게 하는 쪽으로 방향을 정한다면 이런 모순들이 한 번에 다 사라질 수 있다.

서울역과 다른 건 이뿐이 아니다. 이렇게 모든 탑승객들을 괴롭히지만, 정작 발각되면 징계는 솜방망이다.

예를 들어 2011년부터 2013년까지 경제사범 재판 통계를 보자. 1천 3백여 건의 재판에서 범행 액수가 3백억 원이 넘었던 11명 전원 집행유예, 모두 풀려났다. 직위에 따라서 따져보면, 총수나 경영자, 최고위층은 70% 넘게 집행유예. 직위가 낮을수록 이 비율도 낮아졌다. 그러니까 직위가 낮을수록 더 많이 실형을 살았다는 얘기다.

집행유예 참작사유란 게 있는데, 법원들은 이것도 판결문에 쓰지 않았다. 2013년 경제사범 집행유예 판결문들을 찾아봤더니, 80%가 어떤 참작사유인지 안 썼다. 제대로 쓴 건 5% 남짓에 불과. 그러니까 왜 풀어준 건지는 며느리도 모른다.

독일 형법 조항에는 '법질서 방위'라는 개념이 있다. 국민들의 법에 대한 믿음을 말한다. 우리로 치면 법 감정과 비슷한 개념이다. 이걸 거스르면서 집행유예를 내려선 안 된다. 또 경제 범죄, 탈세, 화이트칼라, 공권력, 이런 범죄들은 되도록 집행유예가 아닌 실형을 선고하라고도 명시해놨다.

서울역을 다시 생각해보자. 몇 명의 무임승차자를 잡기 위해 모든 승객들을 불편하게 할 수도 있고, 거의 대부분의 승객들을 아주 편하게 하는 대신에, 잡힌 무임승차자에게는 높은 비용을 치르게 할 수도 있다. 물론 시간과 비용도 후자가 비할 바 없이 줄어든다.

최악은 모든 승객들을 불편하게 하면서, 정작 잡힌 무임승차자에게는 사실상 면죄부를 주는 것이다. 서울역을 제외한 이 사회의 다른 모든 곳들이 사실상 최악의 옵션만을 가지고 있다면 이건 너무도 기괴한 일이 아닌가.

인적 자본과 물적 자본에 더해, 한 사회가 선진국으로 도약하기 위해 꼭 필요한 게 바로 '신뢰자본'이다. 선진국과 중진국을 가르는 결정적인 '절대반지'. 거의 대부분의 승객들을 아주 편하게 하는 대신에, 발각된 무임승차자에게는 엄벌을 내림으로써 우리는 이 반지에 한 걸음 더 다가갈 수 있다.

사전 규제는 과감히 풀되, 징벌은 눈이 튀어나올 만큼 과감히 하자. 서울역과 지하철은 우리 사회에서도 이것이 제대로 작동한다는 것을 실증한다. 죄를 짓지 않은 대부분의 사람들에게 비용을 물릴 게 아니라, 죄를 지은 몇몇 특히 화이트칼라 엘리트들에게 허리가 부러질 정도의 징벌적 배상제를 하자. 이게 우리 사회에 쌓인 신뢰자본을 제대로 활용하는 길이다. 신뢰자본을 제대로 쓰는 사회가 선진국이다.

참된 선진국의 조건, 뉴런의 자유결합

뉴런은 뇌의 신경계를 구성하는 세포다. 인접한 신경세포들과 시냅스라는 구조를 통해 신호를 주고받으며 다양한 정보를 받아들이고 저장한다. 대뇌피질에만 약 1백억 개의 신경세포가 있다. 뇌과학의 최신 연구에 따르면 인간의 창발성의 정체는 '뉴런의 자유결합'의 정도에 달려 있다. 머리의 크기나 주름의 갯수가 아니라, 뉴런이 얼마나, 흡사 우발적으로 보일 만치 자유롭게 결합을 하는가가 창의성, 지능을 결정한다는 것이다. 숲을 걷다가, 혹은 화장실에서 문득 아이디어가 떠오르고, 목욕을 하던 아르키메데스가 "유레카!"를 외치는 그 순간이 바로 자유롭게 풀려난 뉴런이 우발적인 결합을 한 때다. 느슨하게 풀려난 뉴런이 자유로이 이어지며 새로운 경로를 열어젖힌 것이다.

이런 통찰은 기업의 조직구조에도 영향을 미쳤다. 예전 조직이 군대처럼 엄격한 계층구조로 이뤄졌다면, 현대의 조직은 작은 팀들이 높은 자유도를 가지고 활발하게 협업을 하는 쪽을 지향한다. 구글, 페이스북, 넷플릭스 등 최고의 IT 회사들이 모두 이런 식으로 조직을 운영한다. 어떤 업무지시도 없이 스스로 알아서 실험을 하고, 사내 협업툴에 자신이 기획한 프로젝트를 올려 자원자를 구한다. 이들은 누구보다 빨리 실패하고, 누구보다 많이 실패함fail fast, fail often으로써 우발적인 성공을 보듬어 안는다. 기술의 발전이 너무 빨라 앞날을 정확히 예측하는 게 어려워질수록 조직의 자유도가 중요해진다. 자유로워진 조직원의 수만큼 미래를 더듬어 찾을 촉수가 늘어나기 때문이다.

집단지성도 이런 자유결합의 산물이다. 어떤 문제든 어딘가에는 전문가가 있기 마련이다. 그물망처럼 연결된 네트워크 위에서 기획 없이 결합한 지성은 어떤 개인보다도 뛰어나다.

건물의 설계도 바뀐다. 창의적인 아이디어들은 공식적인 회의 시간이 아니라, 우연한 잡담에서 나올 때가 더 많다. 스티브 잡스가 세계 최고의 애니메이션 회사 픽사의 사옥을 설계한 사례는 널리 알려져 있다. 잡스는 누구나 안 갈 도리가 없는 화장실을 픽사 사옥 전체에 단 한 곳만 두려고 했다. '우연한 만남과 임의적인 협력을 촉진하자'는 것이었다.

'임산부도 있고, 그 먼 데까지 뛰어가다 유실 사고도 난다', 이런 직원들 항의가 있어서 결국 화장실 한 쌍을 2개 건물에 각각 설치하는 것으로 타협했다. 그리고 그 결과는 우리가 아는 대로다. 〈토이스토리〉, 〈월-E〉, 〈인사이드 아웃〉, 〈소울〉과 같은 불후의 명작들이 계속해서 쏟아져 나오게 된다.

도시 설계도 마찬가지다. 지식은 한데 모일수록 증폭한다. 다양한 분야의 인재들이 우발적인 만남을 통해 교류하는 기회를 많이 가질수록 더 큰 가치가 만들어진다. 이것을 '네트워크 효과'라고 부른다. 모일수록 더 커진다. 우리가 도시를 플랫폼이라고 부르는 이유다. 개도국, 중진국에서 흔히 '훌륭히 작동하는 대도시'가 성장에 결정적인 요인이 되는 이유가 여기에 있다. 서울은 그런 점에서 이 플랫폼의 위력을 제대로 발휘하는 글로벌 대도시다.

실리콘밸리의 땅값이 왜 그렇게 비싼지도 이것으로 설명을 할 수 있다. 구글, 페이스북, 애플, 트위터 같이 전 세계에서 원격근무를 하는 데 필요한 모든 기술력을 갖춘 첨단 IT회사들이, 굳이 미국에서도 가장 땅값이 비싼 곳에 오글오글 모여 있는 것도 바로 이 우발적인 만남의 네트워크 효과 때문이다. 실리콘밸리는 코로나가 퍼지기 전까지, 온오프라인에서 다양한 '밋업'들이 세상에서 가장 활발하게 벌어지는 공간이었다.

1996년, 한국영화의 느닷없는 황금기

한국 영화 얘기를 해보자. 1996년과 2006년 사이에 한국영화가 느닷없는 황금기를 맞는다. 96년 〈돼지가 우물에 빠진 날〉, 97년 〈넘버3〉 〈접속〉 〈초록물고기〉, 98년 〈8월의 크리스마스〉, 99년 〈인정사정 볼 것 없다〉, 2000년 〈공동경비구역 제이에스에이(JSA)〉 〈박하사탕〉 〈죽거나 혹은 나쁘거나〉, 2001년 〈소름〉, 2002년 〈복수는 나의 것〉, 2003년 〈살인의 추억〉 〈올드보이〉 〈지구를 지켜라!〉, 2004년 〈송환〉, 2006년 〈괴물〉 등등 지금도 이름만 대면 아~ 할 영화들이 봇물 터지듯 쏟아져 나왔다. 게다가 이들 극영화 15편 가운데 무려 8편이 감독 데뷔작이었다. 데뷔작 〈플란다스의 개〉(2000)로 봉준호 감독이 등장한 것도 이 시기고, 같은 해 박찬욱 감독은 세 번째 연출작 〈공동경비구역 제이에스에이〉로 존재감을 드러내기 시작했다.

대체 96년도에 한국에서 무슨 일이 있었던 걸까? 그해에 영화 사전심의가 폐지되었다. 사전 검열이 폐지됐고, 공연윤리위원회도 사라졌다.

검열이니 사전심의니 하는 것은 말하자면 이런 거다. 조영남의 〈불꺼진 창〉은 왜 창에 불이 켜져 있어야지 꺼졌느냐고 금지, 이장희의 〈그건 너〉는 왜 남에게 책임을 떠넘기냐고 금지, 양희은의 〈이루어지지 않는 사랑〉은 왜 사랑이 이뤄지지 않느냐고 금지했다. 배호가 노래한 〈영시의 이별〉은 당시 통행금지가 밤 12신데 그 시간에 헤어지면 언제 집에 가느냐고 금지곡이 됐다. 그러다가 사전심의가 폐지되고, 뉴런이 사방으로 자유결합을 할 수 있는 길이 열린 것이다.

그래서? 봉준호 감독의 기생충이 아카데미상을 휩쓸었고, 넷플릭스 상위권을 K드라마가 채우고 있다. 일본은 TV 시리즈 10위 중 절반이 한국 드라마다. 〈사랑의 불시착〉은 일본에서 230일이 넘도록 톱 10이다. 대만은 톱 10 중 9개, 말레이시아는 8개, 베트남은 7개가 한국 드라마인 때도 있다. 리드 헤이스팅스 넷플릭스 최고경영자CEO가 재미있게 본 한국 드라마로 꼽은 〈킹덤〉〈사랑의 불시착〉〈사이코지만 괜찮아〉〈승리호〉들이 끊임없이 리스트를 점령한다. 최근에는 애플도 한국 진출을 서두르고 있다. 올해도 윤여정 씨가 지명되는 영화제마다 여우조연상을 타낸 끝에 봉 감독에 이어 2년 연속 아카데미상으로 화려한 매듭을 지었다.

아시아 시대는 K팝처럼 온다

K-pop은 어떨까? 사실은 사전심의 폐지는 가요 쪽, 정확히는 정태춘 박은옥 부부의 공이 아주 크다. 정태춘 선생은 78년 〈시인의 마을〉로 데뷔했는데, 이때 노래들이 한국공연윤리위원회 심의로 여러 군데가 고쳐져 데뷔 음반에 실렸다. 예를 들어 타이틀 곡 〈시인의 마을〉은 '나는 고독의 친구 방황의 친구' 대목이 '나는 자연의 친구 생명의 친구'로 엉뚱하게 바뀌었다. 갓 데뷔한 신인 가수 입장이라 시키는 대로 하긴 했지만, 이런 경험은 정태춘 선생에게는 납득할 수 없는 충격을 안겨주었다. 결국 90년 직설적인 사회비판을

담은 〈아!대한민국〉을 고의로 불법 발매한 정 선생은 부인 박은옥씨와 함께 93년 10월 20일 오후 흥사단 강당에서 기자회견을 갖고 "공연법과 음반 및 비디오물에 관한 법률에 규정된 공륜의 사전심의를 받지 않고 새 음반 〈92년 장마, 종로에서〉의 발매를 개시한다"라고 공식적으로 밝힌다. 당국의 규제를 유도해 자연스럽게 사전심의의 부당성을 알리고, 이를 계기로 사전심의 조항에 대한 위헌신청의 분위기를 조성할 목적이었다.

두 사람은 "가요 사전심의는 일제 때부터 내려오는 검열제도의 잔재로 군사 독재 때 건전한 사회비판을 담은 가요를 칼질하는 데 악용됐다. 우리나라만 고집하는 이런 가요 사전심의를 문민정부 하에서는 철폐해야 된다는 취지에서 불가피하게 음반 불법판매에 나서게 됐다"고 밝혔다.

그리고 그 결과는 우리가 보는 대로다. BTS는 한국말로 빌보드 1위를 몇 번이고 찍고 있고, 블랙핑크는 유튜브 조회 수에서 압도적인 1위를 자랑한다. 빌보드, 블룸버그, 월스트리트저널이 앞다퉈 현재 전 세계 1위 걸그룹은 블랙핑크라고 공인한다. 우리는 모두 정태춘 박은옥 부부에게 빚을 지고 있다.

〈아시아 시대는 K팝처럼 온다〉를 쓴 작가 정호재 씨는 JYP의 걸그룹 트와이스의 그 유명한 미나, 사나, 모모가 한국에 이미 2013년도 무렵에 건너왔다는 게 대단한 사건이라고 말한다. 그녀들의 부모님과 아이들이 한국의 시스템을 크게 신뢰했다는 얘기다.

중국이나 일본, 아시아 대부분의 나라들에서 모두 개인이 압도적으로 약자의 위치에 선다. 기업과 정부에 개인이 쉽게 저항하지 못하고 자연스레 연예계 산업은 권력자들의 놀이터로 전락하는 경우가 많다. 이런 정글의 법칙이 작용하는 잔혹한 놀이터에 10대 중후반의 소년소녀를 기획사에 갖다 바칠 수 있는, 그런 강심장을 가진 중산층 부모는 세계 어디에도 없다. 우리나라만 해도 2009년 소속사가 술자리와 잠자리 시중을 강요해 배우를 자살에 이르게 했던 장자연 사건이 있었다.

일본을 보자. 우리에게는 기무라 타쿠야와 초난강, 쿠사나기 츠요시로 잘 알려진 일본 최고의 인기그룹 스마프는 일본 최고 기획사 중 하나인 자니스사무소 소속이다. 스마프는 2017년 해체했다. 그 후 기무라 타쿠야와 나카이 마사히로만 정규방송에서 볼 수 있을 뿐, 나머지 셋은 자취를 감췄다. 자니스사무소와 계약을 해지한 덕분이다. 자니스는 이들의 출연을 방해했다는 이유로 일본 공정위로부터 주의를 받았다(혹은 주의만 받았다).

일본 엔터테인먼트 회사 가운데 가장 오랜 역사를 가지고 있는 요시모토흥업도 마찬가지다. 이곳에는 주로 개그맨과 개그우먼 등 희극인이 속해 있다. 요시모토흥업은 소속 연예인과 계약서를 작성하지 않는 것으로 유명하다. 구두계약이 원칙이라고 한다. 그러니 제대로 보수를 지급할 리도 없다. 결국 수입이 궁한 소속 연예인들이 다단계 판매를 하는 범죄집단 행사에서 아르바이트를 하다 걸려 전국적인 스캔들을 만들기도 했다.

일본 연예계는 아뮤즈, 쟈니스, 요시모토, 호리프로 등 몇 개의
대형 기획사가 좌지우지한다. 이들의 눈밖에 나면 데뷔도 어렵다.
일본의 아이돌들이 수십 년째 똑같은 모습, 똑같은 취향으로 움직
이는 것도 이 때문이다. 나이 든 기획사 사장 노인네 몇의 취향대로
만 나오는 것이다. 그러는 사이 한때 빌보드차트를 넘보던 일본의
팝계는 내수시장 전용으로 완전히 쪼그라들었다.

최고의 플랫폼, 민주주의

한국에서는 사회 전반의 민주화, 투명화의 덕을 크게 봤다. 2009
년에 문체부와 공정거래위원회가 아시아 최초이자 아마도 유일하
게 아이돌과 기획사 간의 표준계약서를 만들었다. 그리고 그 결과
는 지금 우리가 보고 있는 대로다. 아시아의 부모와 아이들이 글로
벌로 진출할 최고의 경로로 한국을 바라보고 있다는 것이 그래서
다. 세계 최고의 걸그룹 블랙핑크의 리드 래퍼이자 메인 댄서를 맡
고 있는 리사는 태국 출신이다. 동남아시아 전체가 그녀의 행보에
열광하며, 뮤직비디오에 나오는 그녀의 출연 시간을 초 단위로 측
정한다. 다른 멤버들과 동등한 대접을 받는지를 확인하는 것이다.
그녀는 동남아시아가 서울에 보낸 대표선수다.

JYP는 니주라는 일본인 소녀들로만 구성된 그룹을 만들어 일본

차트 1위를 휩쓰는 돌풍을 일으켰다. 심지어 코로나 때문에 일본에 건너가지도 못하고 서울에서 만든 뮤직비디오로 1위를 찍었다.

비단 영화와 음악뿐 아니다. 산업도 마찬가지다. 일본이 층층이 얽힌 이해관계의 연쇄사슬에 얽혀 TV프로그램을 90년대 풍으로 물들이고 인감도장을 자동으로 찍어주는 로봇이나 만드는 동안, 한국의 구매력평가지수 환산 1인당 GDP는 일본을 추월했다. 한국의 주식시장 시가총액 10위는 반도체 둘, 전기차 배터리 둘, 바이오 둘, 인터넷 서비스회사 둘, 자동차 둘로 구성돼 있다. 일본의 10위 안에는 반도체도, 전기차 배터리도, 바이오도 없다. 도요타, NTT, 니혼텐키, 페스트 리테일링, 미쓰비시UFJ파이낸셜그룹들이 자리를 채우고 있다. 소프트뱅크와 소니, 키엔스 정도가 그나마 위안이 될까.

뉴런의 자유결합이 지능을 만들듯이, 재능의 자유결합이 경제를 꽃피운다. 민주주의는 한국의 경제와 문화를 위로 밀어올리는 최고의 플랫폼이다. 당연한 듯 보이는 이런 K-민주주의는 기실 유리그릇처럼 위태롭다. 사회 곳곳의 인재들을 생각에 따라, 정권의 친소 관계에 맞춰 블랙리스트로 분류하고 갈라치기를 했던 게 불과 몇 년 전이다. 번영은 공짜가 아니다.

셰익스피어가
필요한 때

현대 우리글의 특징 가운데 하나는 거의 모든 문장이 '다'로 끝난다는 것이다. 이는 한글 문장을 매우 단조롭게 보이게 하는 큰 이유의 하나로 지적되곤 한다. 옛 글로 올라갈수록 오히려 문장의 형태가 입말에 가깝고 어미도 풍부한 것을 발견할 수 있다. 예를 들면 송강 정철의 가사가 있다.

"이 몸 삼기실 제 님을 조차 삼기시니, 한생 연분이며 하날 모를 일이런가.

나 하나 졈어 잇고 님 하나 날 괴시니, 이 마음 이 사랑 견줄 데 노여 업다.

평생애 원하요데 한데 녜쟈 하얏더니, 늙거야 므사일로 외오

두고 글이 난고.

　엇그제 님을 뫼셔 광한던의 올낫더니, 그 더데 엇디하야 하계에 나려오니, 올 적의 비슨 머리 얼키연디 삼년이라.”

- 사미인곡 중

‘~가’, ‘~다’, ‘~고’, ‘~라’로 맺는 문장들이 자못 다채롭다.

만들어져 가고 있는 현대 우리글

이와 같이 된 연유에 대해, 한 국어학자의 설명을 듣고 고개를 크게 끄덕인 적이 있다. 현대 우리글은 기실 ‘만들어져 가는 도중에 있다’는 것이다. 주요 언어들은 제각기 비약적으로 발전하며 현대적 모양새를 갖추어가게 되는 계기들을 가지고 있다. 가령 독일의 경우 1521년 교황청의 제지를 무릅쓰고 라틴어 성경을 독일어로 번역한 마틴 루터를 들 수 있다. 루터는 궁중이나 성 안에서 쓰는 언어가 아니라 백성들의 일반어를 기준으로 삼았다. 그의 번역은 종교개혁의 원동력이 되었을 뿐 아니라 미적으로나 표현력에서 현대 독일어에 다대한 공헌을 했다. 영어권에서는 16세기의 셰익스피어가 있었다.

　현대 한글은 조선말에서 개화기로 넘어오면서 이와 같은 발전기를 가지지 못했다. 오랫동안 한자에 밀려 언문으로 불리다 그만 일제 강점기를 맞고 말았던 것이다. 그 결과로 나온 것 중 하나가 '번역문체'다. 예를 들면 "아무리 강조해도 지나치지 않다"류는 전형적인 영어 번역체다.

괴이하게 어려운 한자를 많이 쓰고 있다는 것도 고쳐야 할 병통이다. 한자를 쓰다 느닷없이 일제 강점기를 거치느라 한글로 된 말로 고쳐 쓸 시간을 갖지 못한 탓이다. 예를 들어 구제역口蹄疫. 구제역은 영어로는 foot-and-mouth disease, '발과 입' 병이다. 한자로도 입 구口, 발굽 제蹄, 입과 발굽이다. 소와 돼지 등 가축 전염병이다. 사슴, 염소, 양과 같이 발굽이 두 개로 갈라진 가축들에게 감염이 된다고 해서 이런 이름이 붙었다. 입발굽병이라고 썼으면 누구나 알아들을 말을, 공연히 구제역이라고 쓴 탓에 4년제 대학을 졸업하고도 한자를 보지 않으면 알 길이 없게 됐다. 미국에선 foot-and-mouth disease라 어린애도 쉽게 알아들을 말이다.

김상균 방송문화진흥회 이사장은 우리가 일상에서 쓰는 '입말'을 방송에서도 써야 한다고 지적한다. 방송말과 생활말이 다를 하등의 이유가 없다는 것이다.
그의 인터뷰를 보자.*

● http://www.mediatoday.co.kr/news/artivleView.html?idxno=212942

"검찰 용어 가운데 우리도 잘 모르는 일본식 한자가 참 많다. '신병을 확보했다.' '신병'의 '병'자가 무엇인지 아나? 사람을 짐 승처럼 끌고 다닐 때 쓰는 도구가 병柄이다. 전봉준을 서울로 압 송할 때 머리에 씌운 도구가 병이라는 거다. 이런 표현 모르고 써 도 되나?

방송말연구회에서 정민영 변호사는 '검찰 소환에 불응했다'는 표현을 두고 '검찰에는 소환권이 없다'고 설명했다. 검찰이 출석 을 요구할 수는 있지만 소환권은 판사만 갖고 있다는 설명이다. 기자들이 없는 권한도 검찰에 주고 있다.

지난해 법무부장관과 검찰총장이 다툴 때 시청자들은 알 수 없 는 법조 용어들이 보도에 난무했다. 소위 억대 연봉을 받는다는 기자들이 두 사람이 무슨 이야기를 하는지 단어를 해체하고 분 해해서 설명해줘야 할 것 아닌가? 자기들도 모르는 단어를 그렇 게 열심히 써야 하나?

검찰 개혁이 시대적 화두라면 그곳에 종사하는 이들의 정신 상 태에 자극과 변화를 줘야 한다. 그들이 당연하다고 쓰는 '폼 잡는 말'을 우리가 먼저 뭉개버리면 된다. 영장 발부? 그냥 '영장을 쳤 다'고 하면 되는 것이다. 파기환송심? '재판을 다시 하라고 돌려 보냈다'고 하면 된다. 박근혜 탄핵안이 인용됐다는 보도에 태극 기 부대가 박수 쳤다는 웃지 못할 이야기도 있다. '박근혜가 탄핵 됐다'고 보도하면 된다."

– 한자어에 대한 반감인가?

"우리 입말을 저평가하는 것에 대한 반감이다. 압수 수색이라는 표현도 귀에라도 편하게, 집을 뒤졌다거나 정 안 되면 수색했다고만 쓰면 될 것이다. 가격이 저렴하다? 그냥 '값이 싸다'고 하면 되지 않나? 우리말을 쓰면 싼 티가 난다고 생각하는 게 문제다. 방송은 방송말을 써야 한다. 더 쉽고 알아들을 수 있게. 물론 처음에는 힘들 것이다. 압수 수색을 '집을 뒤졌다'고 표현하면 검경에서 '시정잡배나 쓰는 말'이라고 반발하겠지. 그런데 시정잡배가 쓰는 말이 어디가 어때서?"

문법은 사후적인 정리다

띄어쓰기도 마찬가지다. 본래 한글은 띄어쓰기를 하지 않았다. 최초의 한글 띄어쓰기는 1877년 영국 목사 존 로스^{John Ross}가 펴낸 '조선어 첫걸음'^{Corean Primer}에서부터다. 서울시체육회가 '서울 시체육회'가 되고, '동시홍 분기점'이 '동시 홍분 기점'이 될 수도 있는 일이라, 띄어쓰기는 빠르게 자리를 잡을 수 있었다. 문제는 현재의 띄어쓰기 규정이 지나치게 엄격하고, 때로 자의적이라는 데 있다.

문법도 마찬가지다. 문법은 언제나 '사후적'이다. 예를 들어 영어의 복수형을 보자. 끝에 s를 붙일 때가 있다. apple → apples. es

를 붙여야 하는 경우도 있다. potato → potatoes. f를 v로 바꾸고 es를 붙일 때도 있다. leaf → leaves. 끝의 on을 a로 바꾸기도 한다. criterion → criteria. 끝의 is를 es로 바꾸기도 한다. axis → axes.

이렇게 된 것은 영어가 본래 서게르만 어군의 하나인데, 바이킹의 침략과 함께 북게르만어의 영향을 받고, 노르만 정복으로 프랑스어와 노르만어가 유입하고, 기독교의 전파로 라틴어를 받아들이고, 산업혁명과 함께 라틴어와 희랍어 어근을 바탕으로 한 막대한 과학 어휘를 새롭게 만드는 등의 복잡한 발달사를 가지고 있기 때문이다.

따라서 문법은 태생적으로 '규칙으로서의 법'이라기보다는 '사후적 정리로서의 구분'이다. 애초에 법이 먼저 있었다면 저렇게 불규칙하게 복수형을 만들 리는 없을 것이다. 한글 문법도 마찬가지여서 엄격한 법이 될 순 없다. 문법은 늘 사후적이기 때문이다.

그러므로 사용을 저해하는 지나치게 엄격한 문법과 띄어쓰기는 이치에 닿지 않는 일이 된다. 사후적 통계가 어느샌가 까다로운 법으로 바뀌어서 언어의 사용을 방해한다는 게 대체 어떤 점에서 정당성을 가질 수 있겠는가. 띄어쓰기는 문장이나 단어를 충분히 이해할 수만 있으면 되고, 표기도 가능한 실제로 사용하는 말 그대로 쓸 수 있게 해주는 것이 옳을 것이다. 차라리 그런 복잡한 규칙을 고안하는 데 쓸 시간을, 구제역이나 신병과 같은 시대착오적 단어를 쉬운 우리말로 고치는 데 쓰는 편이 만 배는 낫다.

건너 뛴 근대

대한민국의 정치, 경제, 사회, 문화적 정체성과 제도들이 기실 모두 한글과 비슷한 발전경로를 밟아왔고, 그런 점에서 제각기 나름의 어설픈 '번역문체'들을 가지고 있다. 제 분야의 '마틴 루터'와 '셰익스피어'들을 필요로 한다는 뜻이다.

우리는 반만년의 유구한 역사를 가지고도 있지만 동시에 2차 대전 이후의 독립국이다. 아주 짧은 미성숙의 근대와 현대를 동시에 이고 살아가고 있다는 뜻이기도 하다. 그러므로 이런 문제들에 대해 이미 우리에게 제대로 된 제도나 합의가 있는 것처럼 접근해서는 올바른 해답이 나오기 어렵다. 지금부터 만들어 나가야 한다는 것, 우리가 하나씩 합의해 나가야 할 문제라는 것을 솔직히 인정하는 것이 근본적인 문제 해결의 첫걸음이 될 수 있을 것이다.

제2부

고장난

한국 사회

물은 땅이 패인 모양을 따라 흐른다

– 한국 사회의 고장난 인센티브 시스템

한 사회의 골격은 그 사회의 인센티브 시스템, 즉 상벌체계에 따라 결정된다. 역사책은 아부하는 간신배를 가까이 하다 망해버린 나라들의 이야기로 가득하다. 정치의 우선순위가 얼마나 왕에게 아부를 잘 하는가에 달려 있으면 재능 있는 자들, 충직한 자들이 떠나거나 죽임을 당한다. 남는 것은 무능하고 제 이익을 지독히 챙기며, 그만큼이나 처신에 능하고 권모술수에 밝은 자들이다. 이들이 왕의 눈과 귀를 가린 다음 행한 악행들이 사서의 장마다 흘러넘친다.

조직도 마찬가지다. 회사의 사장이 회식자리에서 "자 오늘은 허심탄회하게 얘기해봐, 그동안 회사에 대해 가지고 있었던 불만들 있으면 내가 다 들어줄게"라고 한들, 직원들이 바른말을 할리 만무하다. 그가 평소에 아부에 상을 내린다면 아부하는 자가 남고, 큰 성과를 내린 직원을 제대로 보상한다면 성과를 내는 사람들이 남을 것이다. 자신의 야욕을 위해 광주에서 수많은 시민을 죽인 전두환이 만든 당의 이름이 민주정의당이었다. 말과 행동이 다를 때는 언제나 행동 쪽이 진실을 가리킨다. 물은 땅이 패인 모양대로 흐른다.

대한민국의 인센티브 시스템은 이 사회의 골격을 어떻게 짜 맞추고 있을까?

많이 떼먹을수록 상을 준다
— 화이트칼라 범죄

앞에서도 얘기를 한 바 있듯이 한국 사회는 돈을 많이 떼어먹을수록, 지위가 높을수록 벌을 주지 않는다. 예를 들어 2011년부터 2013년까지 경제사범 재판 통계를 보자. 1천 3백여 건의 재판에서 범행 액수가 3백억 원이 넘었던 11명 전원 집행유예, 모두 풀려났다.

직위에 따라서 따져보면, 총수나 경영자, 최고위층은 70% 넘게 집행유예. 직위가 낮을수록 이 비율도 낮아졌다. 그러니까 직위가 낮을수록 더 많이 실형을 살았다는 얘기다.

이런 인센티브 시스템이 전하는 메시지는 명백하다. 떼어먹으려면 최소한 3백억 원 이상은 해야 하고, 직위도 높을수록 좋다는 것이다. 그러니 250억쯤을 떼어먹었다 걸린 사람은 얼마나 억울하겠는가. 50억만 더 챙기지, 미련하게시리.

사람을 죽이는 편이 싸다
– 산업안전법

이선호 씨가 300kg 철판에 깔려 죽었다. 원청과 하청 간에 책임소
재를 미루고 있다. 119 신고도 깔린 지 10분이 지나서야 했다. 안
전관리자도, 신호수도 없었다. 얼마나 오랫동안 같은 이야기를 거
듭거듭 듣고 있는지 모른다.

한국 사회의 산재사망률은 OECD 최상위권이다. 1위도 여러 차
례 했고, 5위권 밖으론 밀려난 적이 없다. 왜 이렇게 많이 죽을까?

고용노동부가 2013년부터 2017년까지 산재 상해·사망 사건의
형량을 분석한 결과에 따르면 자연인 피고인 2,932명 중 징역 및
금고형을 받은 피고인은 86명(2.93%), 전체의 3%가 안 된다. 절대
다수가 집행유예(981명, 33.46%)가 아니면 벌금형(1,679명, 57.26%)
이었다. 벌금형의 경우에도 평균액은 자연인 420만원, 법인 448만
원에 그쳤다.

오스트레일리아는 노동자 사망시 고용주에게 최대 징역 25년
형, 법인에는 최대 60억 원의 벌금을 받는다. 영국의 경우 원·하
청 구분 없이 안전조치 미흡 등으로 사망 사고가 발생할 경우 기
업의 범죄책임을 묻는 '기업살인법'을 갖고 있다. 전체 매출액의

2.5~10%가 기본 벌금이고, 위반 정도가 심하면 아예 '상한 없는 징벌적 벌금'을 물린다. 국적과 무관하게 영국에서 활동하는 모든 법인과 기업에게 적용한다.

안전장치를 갖추는 것, 신호수를 두는 것, 하청으로 책임을 떠넘기지 않는 것, 모두 돈이 드는 일이다. 한국 사회는 그렇게 투자를 하게 하는 대신, 사고가 났을 때 448만원으로 때울 수 있게 해 준다. 누가 더 많은 돈을 쓰려고 하겠는가. 이 시스템은 명백히, 그냥 싸게 사람을 죽이라는 지령을 내린다.

강남 땅값은 왜 오르기만 할까
– 온 동네가 역세권

일산과 분당은 비슷한 시기에 지어진 신도시다. 하지만 지금은 땅값이 3배나 차이가 난다. 왜 이렇게 됐을까?

역세권이라는 말이 있다. 지하철역에서 걸어서 5~10분 이내 거리에 있는 곳들을 가리키는 말이다. 강남은 온 동네가 역세권이다. '도시철도역이 3개 이상 있는 동 목록'을 보면, 서울 424개 동 중 전철역이 3개 이상 있는 동은 103개로 전체의 24%다. 그런데 서초구는 전체 18개 가운데 12개 동(67%)에, 강남구는 전체 22개 가운데 14개 동(64%)에 역이 3개 이상 있다. 반면 양천구에는 역이 3개 이상인 동이 단 한 곳도 없었고, 관악구는 21개 중 1개 동만 그렇다.

전철역 보유 현황으로 자치구 순위를 매겨도 마찬가지다. 송파구 20개, 서초구 18개 등 강남 3구가 모두 상위 5위 안에 든다. 노선 개수로 봐도 서울 전체 전철노선 16개 중 강남구와 서초구, 종로구, 중구에 6개씩 지나는 반면, 강북구, 은평구, 관악구, 금천구, 강동구는 2개씩만 지난다.

어느 정권이든 강남 땅값을 잡겠다고 한다. 그러니까 이건 마치 이런 식이다.

"강남 땅값이 계속 오릅니다. 특단의 조처가 필요합니다."

"아, 그래 어떤 게 가능한가?"

"신분당선을 깔아보면 어떨까요?"

"오, 좋은 아이디어야. 그렇게 하게."

"그래도 땅값이 오르는데요. 더 특단의 조처가 필요합니다."

"어떻게 하면 좋겠는가?"

"서울역에서 KTX를 떼다가 수서에 SRT를 만들어주면 땅값이 잡히지 않을까요?"

"그렇게 하게."

"그래도 땅값이 잡히지 않습니다. 이번에는 경부고속도로 서초구 간을 지하화해 보겠습니다."(…)

KTX에서 무단히 SRT를 떼어내어 강남에 가져다 놓는 데 3조가 넘는 돈이 들었다. 지하철을 까는 데도 그만한 돈이 든다. 경부고속도로를 지하화하면 또 조단위 돈이 들어갈 것이다. 이런 구조가 주는 메시지는 명백하다. '강남불패'.

지난해 MBC 보도에 따르면 재산공개 범위에 드는 고위공직자의 40%가 강남의 노른자 땅에 집을 갖고 있다. 서초구와 강남구가 가장 많다. 말과 행동이 다를 때는 언제나 행동이 진실을 가리키는 법이다.

노력하면 벌을 내린다

— 임대차보호법

뒤에 얘기할(101쪽) 경리단길 사례가 대표적이다. 세입자가 정말 열심히 잘해서 고객을 끌면 건물주가 월세를 3배 올려 그간 고생한 댓가를, 혹은 그 이상을 한순간에 가져가 버린다. 함부로 옮기기도 어렵다. 그간 투자한 인테리어비가 있고, 애써 모은 고객이 있기 때문이다. 전형적으로 열심히 일을 할수록 벌을 주는 구조다. 젊은 청년들이 일확천금을 노리고 코인의 불바다로 뛰어드는 건 이런 구조의 결과다. 이 상벌구조는 노력을 할수록 벌을 주기 때문이다.

출산율이 떨어진다고?

— 성형수술을 하라니까

산부인과는 대표적인 기피과 중 하나다. 최근 4년 연속 전공의 정원을 채우지 못하고 있다. 2021년 전공의 모집에서도 144명 정원에 110명이 지원했다. 경쟁률은 76% 수준이다. 많은 병원들이 적자를 면하기 위해 산부인과 분만실 운영을 포기하고 있다. 수가도 낮고 사고가 나면 책임을 지기도 싫기 때문이다. 최고의 인재들은 줄줄이 성형외과, 피부과가 아니면 공무원으로 투입된다. 심지어 의사 중에서도 산부인과, 흉부외과 의사가 되려 하기만 해도 보상은 싸늘하게 줄어든다.

외과는 몇 년째 꾸준히 전공의 모집에서 미달사태를 면치 못한다. 특히 2020년엔 176명 정원에 128명만이 지원해 경쟁률이 73%에 그쳤다. 2021년도 다르지 않았다. 178명 정원에 141명만이 지원하면서 경쟁률은 79%를 기록했다. 외과 계열 수가가 낮기 때문이다. 거기에 매번 밤샘 당직 등 응급환자들을 돌봐야 하다 보니 특별히 사명감이 있는 일부를 제외하곤 외과를 지원하지 않는다. 한때 의사의 꽃이라고 했던 외과는 이제 젊은 의사들이 적어 환갑을 넘긴 노 교수도 매일 당직을 서는 곳이 됐다.

이대로라면 머지않아 한국은 애를 낳으려 해도 받아줄 곳이 없는 불임의 사회가 된다. 이런 제도가 주는 메시지는 명백하다. 애 받지 말고, 응급환자도 치료하지 말고, 코와 가슴에 실리콘을 넣으란 말이야!

공시족들은 왜 이렇게 많은가

– 부실한 사회 안전판

2020년 10월, 지방공무원 7급 공개경쟁 임용시험에 565명을 뽑는데, 3만9,397명이 지원해 평균 경쟁률 69.73대 1을 기록했다. 공무원 시험에 1만 명대 지원은 흔하다. 한 취업사이트의 조사에 따르면, 대학생과 취업준비생 37.4%가 현재 공무원 시험을 준비하고 있고, 절반에 가까운 수준인 48.4%가 '앞으로 준비할 의향이 있다'고 답했다.

한국의 노인들은 스스로 죽는다. 80대 이상 노인의 자살률은 인구 10만 명당 67.4명으로 압도적인 세계 1위다.

한국의 GDP 대비 공공사회복지지출 비율은 12.2%로, OECD 평균 20.0%의 절반을 조금 넘는다. OECD 38개 회원국 중 35위(2019년 기준)로 우리보다 낮은 나라는 터키, 칠레, 멕시코 세 나라뿐이다.

이런 구조가 사회에 전하는 메시지는 뭘까? 각자도생해라, 늙어서 일을 못하게 되면 스스로 죽을 일밖에 없다. 너의 적성이 무엇이든, 꿈과 희망이 무엇이든간에 어떻게든 노후를 보장해주는 공무원 시험을 쳐라. 도전을 하다 실패하면 비참한 노후밖에 남지 않는다.

한국의 대기업 노조들이 강성이고 이기적이라는 지적들이 있다. "회사가 전쟁터라고? 밀어낼 때까지 그만두지 마라. 밖은 지옥이다." 미생의 명대사는 그 이유를 알려준다.

선정적인 기사를 내놓아야 한다

– 포털의 보상, 클릭 수에 따라 돈을 매긴다

국회에 다니는 사람에게 들은 말이다. 예전에는 기자들이 점심을 먹고 나면 으레 의원회관을 한 바퀴 돌았다. 안면이 있는 보좌관들이나 국회의원을 상대로 취재를 하는 것이다. 언젠가부터 의원회관에서 기자들을 보기가 아주 어려워졌다고 한다. 점심 식사시간도 예전에 비해 훨씬 짧아졌다. "기자들 보면 불쌍할 때가 있다. 기사를 만드느라 점심도 제대로 못 먹는다. 그러니 기자실 건너편에 있는 의원회관에 올 틈이 있나." 말하자면 기사를 만드느라 취재할 틈이 없다는 것이다. 취재를 안 하고 기사를 써? 인터넷용 기사를 시간마다 내보내야 한다. 그러니 오래 취재를 해서 기사를 쓰는 건 엄두를 내기도 어렵다.

이렇게 된 것은 네이버가 클릭 수에 따라 댓가를 지급하기 때문이다. 여섯 가지 지표를 제시하고 있지만, 순방문자 수, 조회 수가 각 20%, 소비기사 수가 15%로 전체의 55%를 차지한다. 나머지 지표도 구독자 수다. 이런 알고리듬이 전제하는 것은 '많이 본 기사가 좋은 기사다'와, '많은 기사를 생산하는 곳이 좋은 언론사다'이다.

그 결과? 무슨 수를 쓰든 많은 기사를, 어떻게든 선정적인 제목과 내용으로 내보내는 무한경쟁의 아수라장이 펼쳐진다. '경악'이니 '충격', '헉'이라는 제목이 붙은 기사가 '단독'이라는 문패를 달고 밑도 끝도 없이 쏟아지며 전 사회에 악취를 퍼트린다. 팩트가 아닌 기사를 쓰든, 남의 기사를 그대로 베껴 쓰든, 이치에 닿지 않는 기사를 쓰든, 남의 프라이버시를 침해하든 무관하다. 클릭 한 번에 돈 한 푼이다.

네이버가 뉴스를 인공지능을 써서 편집을 하든, 편집자가 개입을 하든, 사실은 그것은 부차적이다. 실제 포털의 뉴스를 지배하는 것은 '클릭을 받은 만큼 돈을 준다'는 악마의 알고리듬이다. 거기에는 진리도, 정의도, 정론도 설 자리가 없다.

포털이 뉴스를 공급하는 이유는 하나다. 뉴스라는 '미끼 상품'으로 트래픽을 올려 쇼핑 등에서 더 많은 부가가치를 올리겠다는 것이다. 그러니 더 많은 클릭이 포털의 제1가치인 것은 지극히 당연하다. 뉴스의 가치는 처음부터 고려대상이 아니다. 게다가 극소수인 CP제휴사들만 자격을 얻는다. 다양성과 공공성을 처음부터 제약하는 구조다. 생태계를 척박하게 하는 요소를 여럿 갖추고 있는 셈이다.

네이버가 언론사에 주는 돈은 1년에 3천 억쯤이라고 한다. 한국 정부가 한 해 쓰는 예산이 본예산만 530조가 넘는다. 1년 예산의 0.05%로 이런 악마의 시스템을 고칠 수 있다면, 해볼 만한 시도가 아닐까. 기사를 작성하느라 취재를 할 시간이 없는 언론은 말이 안 된다. 이런 악마의 인센티브를 언제까지 두고 볼 순 없다.

물은 땅이 생긴 모양을 따라 흐른다. 물을 붙잡고 설득을 하고, 교화를 하고, 친하게 지내자고 술을 사준들 물이 계곡을 벗어나 산

꼭대기로 흐를 리는 없다. 물이 오게 하고 싶으면 원하는 곳으로 물길을 파면 된다.

한 사회의 자원배분의 요체는 그 사회의 보상체계, 즉 인센티브 시스템을 어떻게 만드는가에 달려 있다. 돈도, 인재도 그 사회가 파 놓은 보상체계의 물길을 따라 흘러간다. 잘못된 인센티브 시스템은 사회의 영혼을 망가트린다.

AI 시대의
교육

― 한국 교육의 치명적인 3가지 결핍

기본이 없다

― 시속 150km 이상 던지는 투수가 사라진 사회

이승엽 씨는 한 기사에서 중학생들의 야구시합을 보다 깜짝 놀랐던 순간을 얘기한다. 한 투수가 15개 연속 변화구를 던진 것이다. 그는 충격을 받았다. **유소년 시기는 어깨 근력을 키울 수 있는 골든 타임**이다. 이렇게 보내서는 부상 위험은 차치하고라도, 한계를 뛰어넘을 수 없기 때문이다.

미국야구협회와 메이저리그의 가이드라인 '피치 스마트Pitch Smart'는 커브는 14~16세 이후, 슬라이더는 16~18세 이후에 연습하기를 권고한다. 어린 나이의 커브 연습은 투수의 팔 통증을 1.6

배 증가시키며, 슬라이더를 던지는 투수의 팔꿈치 통증 발생률을 85%나 높이기 때문이다.

하지만 우리나라에선 11살에 커브, 12살부터 슬라이더를 배우기 시작해, 커브는 13세(23.7%), 슬라이더는 15세(21.5%), 싱커는 16세(25.0%)에 가장 많은 선수가 던지기 시작한다.

대구 북구 유소년팀의 홍순천 감독은 한국 투수들이 리틀야구에선 세계 최강이다가 성인이 되면 미국, 일본 선수들에 뒤지는 이유를 한 인터뷰에서 이렇게 말했다. "어릴 때부터 변화구와 같은 기술을 빨리 사용해 상대를 제압한다. 그러나 기술로 접근하면 본능적으로 하는 동작이 사라진다. 무리하니 부상도 온다. 150km 이상 던지려면 기본적 운동능력이 필요하다. **야구뿐만 아니라 육상, 수영, 배드민턴, 요가와 같은 다양한 종목으로 반응속도, 근력, 시각능력을 키워야 한다.** 무엇보다 아이들은 마음껏 뛰어놀아야 한다. 지도자는 재미있게 끌고 가는 게 중요하다."

내가 어릴 때는 PC가 없었다. PC를 처음 본 건 대학교를 졸업한 다음이었다. 그때는 하드 디스크도 없어서 플로피 디스크를 넣어서 컴퓨터를 구동시켰다. 한참 후에야 전화선을 이용한 PC통신이 시작됐고, 사회에 나와서 직장생활을 몇 년이나 한 다음에 인터넷이 나왔다. 오십이 가까웠을 무렵 아이폰이 나왔고, 이제는 스마트폰이 없는 세상은 상상이 안 된다. 내 밥벌이는 모두 나이 서른이 넘도록 한 번도 보지 못한 것들로 이뤄져 있다.

어릴 때 배우고 익힌 건 이제 금세 쓸모가 없어지는 세상이 됐다. 조기교육을 하고, 뭔가를 죽어라 하고 외우는 건 약효가 몇 년을 가지 못한다. 쓸모가 없어지기 때문이다.

진짜로 배우고 가르쳐야 할 것은 혼자서 공부하는 방법이다. 끊임없이 새로운 뭔가가 나오고, 그게 일상의 생활을 송두리째 바꿔놓는다. 그때 혼자서 익히는 법을 알아야 한다. 야구로 치자면 어린 나이부터 오로지 경기에 이길 목적으로 커브나 슬라이더를 던지게 해서 어깨 다 망가지고 막상 사회 나와선 바보가 되게 만들지 말고, 육상, 수영, 배드민턴, 요가와 같은 다양한 종목으로 반응속도, 근력, 시각능력을 키워야 한다.

십 년이면 강산도 바뀐다고 하지만 요즘은 그게 3년도 안 걸린다. 다 외울 때쯤엔 아무데도 쓰이지 않을 낡은 지식으로 머리를 꽉 채워 무얼 하나. 혼자 공부하는 법을 가르치는 게 진짜 교육이다.

움직임이 없다

한국 청소년의 운동 부족은 세계 최악이다. 세계보건기구WHO가 2016년 146개국 11~17세 학생을 대상으로 신체 활동량을 조사한 바에 따르면 **한국 청소년의 94%가 운동 부족**이다. 여학생에 한정하면 무려 97.2%. 놀랍게도 한국의 초등학교 1·2학년은 아예 체육 수업 자체가 없다. 방과 후 체육 활동에 참여하는 학생 비율

(42.9%)도 OECD 전체에서 꼴찌다. OECD 평균(66%)보다 20% 이상 낮다. OECD는 회원국 35개국 외에 중국 등 37개 비회원국도 조사했는데, 이 나라들을 포함하면 한국이 72개국 중 꼴찌다.

최근 10년간 초·중·고등학생 비만율도 계속 증가하고 있다. 키 성장은 정체되는데 몸무게는 늘고 있단 얘기다. 교육부의 2017년도 학생 건강검사 표본통계 발표를 보자. 전국 764개교 표본학교의 초·중·고등학생 신체발달 상황(8만460명)과 건강조사(8만484명)·건강검진(2만6739명) 결과를 분석한 '2017년도 학생 건강검사 결과'에 따르면 전체 학생의 비만율은 17.3%로 전년(16.5%)보다 0.8% 상승했다. 2008년(11.2%)과 비교하면 6.1% 오른 수치다.

키는 같거나 줄고 있다. 고등학교 3학년 남·여학생의 키는 0.1cm씩 줄었고, 초등학교 6학년 남학생도 0.2cm 줄어든 것으로 조사됐다. 반면 몸무게는 5년 새 초·중·고 남·여학생 모두 증가했다. 고3 남학생의 몸무게는 5년 전인 2012년 68.4kg에서 2017년 71.0kg으로 2.6kg 늘었고, 고3 여학생의 몸무게는 2012년 56.2kg에서 57.8kg으로 늘었다.

2008년 뇌와 체육의 관계를 밝혀낸 책 '운동화 신은 뇌'를 써서 세계적으로 화제를 일으킨 존 레이티John Ratey 하버드의대 정신의학과 교수는 "온종일 앉아만 있는 한국식 교육은 학생들 뇌를 쪼그라들게 만들 수 있다"고 경고한다. "아이들을 좁은 교실에 가둬놓고 몇 시간씩 움직이지 말고 공부하라는 건 뇌를 죽이는 일"이라는 것이다.

레이티 교수는 '운동이 학생들의 뇌를 활성화해 공부를 더 잘하게 만든다'는 사실을 과학적으로 입증했다. 대표적 사례가 미국 일리노이주 네이퍼빌 센트럴고 얘기다. 네이퍼빌 고교에서 학생들에게 수업 전에 운동을 시켰더니 2005~2011년 학생들의 수학 성적이 1년 만에 평균 19.1점 올랐다. 같은 기간 운동을 하지 않은 학생들은 9.9점만 올랐다. 이후 '0교시 운동'은 인근 학교들로 퍼져나갔다. 펜실베이니아주 평균 성적에 못 미쳤던 타이터스빌 학군 학생들도 체육 수업을 강화하자 학력평가에서 읽기는 평균보다 17%, 수학은 18%씩 높게 나왔다.

그 외에도 30분간 실내자전거를 약간 숨찰 정도로 달린 후 두뇌 4곳과 해마활동도를 비교했더니 두뇌활동도가 2.5배 높아지고 기억력이 좋아졌다거나, 매일 1시간씩 5주간 수영한 쥐는 치매유발 물질(베타아밀로이드)을 주입해도 치매에 걸리지 않았다는 등 뇌와 신체가 연동한다는 근거는 차고 넘친다.

근거Evidence가 없다

히딩크 감독이 한국에 왔을 때 전 국민을 경악시킨 말을 한 적이 있다. 한국 선수들이 기술은 좋은데 체력이 약하다는 것이다. 이게 무슨 소린가? 우리가 비록 유럽보다 키는 작고 기술은 모자라도 악착같이 뛰는 건 누구보다 잘하는데? 억울하다!

그때 체력이 좋다고 우리가 말했던 건 경기 끝까지 쉬지 않고 뛴다는 것이었다. 그런데 사실 축구에서 필요한 건 제때 스프린트를 할 수 있는 능력이다. 잦은 스프린트에도 속도를 낼 수 있고 지치지 않는 게 축구에서 필요한 체력이다. 그런 체력은 최대 심박이 얼마나 높은가와, 최대 심박에서 평상 심박으로 얼마나 빨리 내려오나, 이런 지표들로 측정할 수 있다. 이걸로 재보니 정말로 한국 선수들은 체력이 너무 약했던 것이다. 그리고 히딩크 감독은 체계적인 훈련을 통해 1년 뒤, 세계에서 가장 체력이 뛰어난 축구팀을 데리고 월드컵 4강신화를 이뤘다.

어릴 때 운동을 하지 않고 온종일 앉아만 있으면 공부에 오히려 방해가 된다는 건 이미 입증이 된, 다시 말해 근거가 있는 사실이다. 그런데도 한국의 공교육은 청소년들을 세계에서 가장 움직이지 않게 만든다. 특히 소녀들의 경우 무려 97.2%가 운동 부족이다. 이 시기의 운동 부족은 평생의 체형과 건강에 영향을 미친다.

미국 네이퍼빌 고교에서 학생들에게 수업 전에 운동을 시켰더니 수학 성적이 1년 만에 평균 19.1점 오른 것도 마찬가지다. 강남의 어떤 일타 강사가 전교생을 상대로 이런 성과를 낼 수 있겠는가. 하지만 한국의 초등학교 1·2학년은 아예 체육 수업 자체가 없다.

어릴 때 변화구를 가르치면 커서 오히려 방해가 된다는 것도 입증된 사실이다. 이웃 일본만 해도 구속이 150km를 넘기는 투수가 해마다 등장한다. 어릴 때는 변화구를 익힐 때가 아니라 홍순천 감독의 말처럼 반응속도, 근력, 시각능력을 키워야 할 때다. 변화구는 언제든 익힐 수 있지만, 반응속도와 근력, 시각능력은 이때를 놓치면 어렵기 때문이다. 한국의 교육은 여전히 "나는 떡을 썰 테니 너는 글씨를 써라"에 머무르고 있는 듯 보인다.

한국의 공교육은 여전히 "공부는 엉덩이로 하는 것"이라는 유교풍의 근면, 혹은 "민족 중흥" 같은 산업사회의 구호에서 빠져나오지 못한 것처럼 보인다. 예를 들어 국어 과목을 설명하는 교육부 고시 제2015-74호를 보자.

"초·중·고 공통 과목인 '국어'는 국어를 정확하고 효과적으로 사용하는 데 필요한 능력과 태도를 기르고,
비판적이고 창의적인 국어 사용을 바탕으로 하여 국어 발전과 국어 문화 창달에 이바지하려는 뜻을 세우며,
가치 있는 국어 활동을 통해 바람직한 인성과 공동체 의식을 함양하는 과목이다."

국어 과목의 목적이 '국어 발전과 국어 문화 창달에 이바지하려는 뜻을 세우게 하는' 데 있다는 건 본말이 전도된 느낌이다. 아이들이 시와 소설을 즐길 줄 알게 하면 '결과적으로' 국어 발전에 이바지할 대문호가 나타날 순 있어도, 그게 거꾸로 되진 않을 것이다. 뭔가 회초리를 손에 들고는 '좀 더 창의적으로 자유분방하게 하란

말이야'라고 고함을 치는 모습을 보는 기분.

'가치 있는 국어 활동을 통해 바람직한 인성과 공동체 의식을 함양한다'는 것도 이해하기가 쉽지 않다. 가치 있는 국어 활동?

'가치 있는 국어 활동'이 무엇이든, 국어 교육이 결국 읽기, 쓰기, 말하기, 듣기, 네 가지를 잘할 수 있게 가르치는 것이라면 실제로 국어 교육이 가져야 할 근거는 다른 곳에 있다. 예를 들어 '실질문맹률'. OECD의 조사에 따르면 우리나라 성인의 실질문맹률은 세계 최고 수준이다. OECD는 지난 2013년 세계 22개국에서 15만 명 이상을 방문면접 조사해 이런 놀라운 결과를 뽑아냈다. 특이한 것은 다른 나라들은 30~35세에 가장 높은 독해력을 나타낸 다음 서서히 떨어지는데, 한국은 20대 초반에 정점을 찍은 뒤 연령이 증가할수록 급격히 감소하는 패턴을 보인다는 것이다. OECD의 연구 담당자는 "책을 읽지 않는 채로 나이가 들면 독해력이 크게 떨어진다"라고 설명했다. 너무 어릴 적에 변화구를 익힌 결과 막상 성인이 되어서는 강속구를 던질 수 없게 된 야구의 경우와 흡사하다. 한국의 국어 교육은 '실질문맹률'이라는 근거를 가질 수 있다. '어릴 적에 책 읽는 습관을 갖게 하자'가 하나의 목표가 될 수 있을 것이다.

'듣기'도 마찬가지다. 한국에서 오래 사회생활을 해본 사람이라면 누구든 이 문제를 절감할 것이다. '제대로 듣는' 사람을 만나기가 정말 어렵다. '듣기'가 사라지면 자연스레 대화와 토론도 함께 사라진다. 혼자서 대화를 할 순 없기 때문이다. 상대의 말을 들은 뒤 자신의 언어로 요약해서 들려주고, 제대로 들은 건지 확인을 하는 건 아주 좋은 방법이지만, 실제로 이렇게 하는 사람은 매우 적다. 한국 사회에서 토론이라고 하면 곧바로 '말싸움'이 떠오르고, 승패를 묻게 되는 것도, 이런 '듣기' 부재의 공교육과 관련이 있을 것이라고 나는 생각한다. 말을 잘하는 사람에게 흔히 '말재주'라는 부정적인 표현이 붙는 것도 비슷한 사례다. 실질문맹률을 측정해냈듯 청취이해력도 충분히 측정할 수 있을 것이고, 이것이 또 하나의 근거가 될 수 있다.

AI 교육

AI인공지능 교육이라고 하지만, 초중학교에서 AI 교육은 곧 소프트웨어 교육, 더 정확히 말하면 컴퓨팅적 사고력Computational thinking을 길러주는 것이 될 것이다. 논리적 사고력이나 수학적 사고라고 해도 좋겠다.

컴퓨터는 0과 1만을 받아들인다. 그러므로 논리적이지 않으면 컴퓨터는 이해를 하지 못한다. 아주 뛰어난 엔지니어들과 쉽게 합의를 한 게 있다. 지금까지 한 번도 아니라고 한 사람을 만나지 못했는데, 그것은 프로그래밍을 한마디로 말하면 '예외를 처리하는 일'이라는 것이다. 그러므로 논리적인 사고와, 경우의 수를 생각해내는 상상력, 예외를 처리하는 창의성을 기르는 게 곧 AI 교육이라고 말할 수 있을 것이다.

프로그래밍 작업의 90% 이상은 협업으로 이뤄진다. 따라서 '경청하기'와 '논리적으로 말하기'는 AI에 필수적인 역량이 된다. 문제를 의식하고 되짚어 중요한 오류를 찾는 것디버깅 debugging, 상대의 요구를 듣고 관찰해 세밀하게 이해하는 것요구사항명세 Requirement Specification, 있을 수 있는 경우를 생각해 그려보는 것사용자 시나리오 User Scenario, 반복되는 일들에서 공통점을 찾아내는 것알고리듬 Algorithm들을 할 수 있는 능력을 길러주는 게 말하자면 AI 교육의 핵심이 된다.

두 가지를 짚고 글을 마치고자 한다.

첫째, AI를 포함해 한국의 교육이 구체적인 근거Evidence를 가지고 이뤄지기를 바란다. 관성으로 이뤄지고 있는 일들이 너무 많다. 예를 들어 국어 과목의 정의는 시대에 맞게 전면 개정하면 좋겠다. 무엇보다 교육을 받는 아이들의 입장에서 서술이 되어야 옳다.

둘째, 반드시 피해야 할 것은 이것이 자칫 어려서부터 변화구를 가르치는 일이 되어서는 안 된다는 것이다. 익혀야 할 것은 변화구가 아니라 기본적 운동능력이다. 좋은 야구선수가 되기 위해선 야구뿐만 아니라 육상, 수영, 배드민턴, 요가와 같은 다양한 종목으로 반응속도, 근력, 시각능력을 키워야 한다. AI도 마찬가지다. 컴퓨팅적 사고력과 책 읽는 습관, 정성껏 듣고 주의 깊게 관찰하고 커뮤니케이션 잘하기, 뇌가 자랄 수 있도록 마음껏 뛰어놀고 평생 즐길 하나의 운동을 갖게 하기, 이것이 참된 AI 교육이 될 것이다.

경로의
저주

― 사람이 길을 만들고, 길이 사람을 만든다

경로의존성이란 시간이 흐르고 상황이 바뀌어 이제는 더 이상 적절하지 않게 된 과거의 제도, 법률, 관습, 문화가 지속적으로 살아남아 영향을 미치는 것을 말한다. 왼쪽으로 가는 영국의 차가 흔히 인용되는 사례다.

왼쪽으로 가는 영국 차

오래전 영국에서 마차는 왼쪽 통행을 했다. 오른쪽으로 다니면, 대부분 오른손잡이인 마부가 휘두르는 채찍이 자칫 지나가는 행인을 때릴 우려가 있었기 때문이다. 이 때문에 나중에 만들어진 자동차도 자연스럽게 왼편으로 다니게 됐다. 이 '자연스러움'의 결과로 영국과 영연방 일부, 그리고 따라서 채택한 일본 등은 두고 두고 비싼 비용을 치르게 된다. 대부분의 나라들은 오른손으로 수동식 기어를 조작하기 편하게 핸들을 왼쪽에다 뒀기 때문이다.

우핸들을 좌핸들로 바꾸는 것은 단순히 운전대만 바꿔서 되는 일이 아니라 파워트레인까지 뜯어고쳐야 하는 큰 작업이다. 인테리어도 통째로 바뀐다. 따라서 차를 만들 땐 언제나 수출용 차와 내수용 차, 2개의 라인을 만들어야 한다. 차를 수입하는 건 더 큰 난관이다. 좌측통행용으로 새로 만들어달라고 부탁을 해야 하기 때문이다.

인장제도문화보존연맹

일본 국회에는 도장 문화를 존중하는 '일본 인장제도문화를 지키는 의원 연맹'이 있다. 얼마 전까지 다케모토 나오카즈竹本直一라는 의원이 이 연맹의 회장이었다. 이 양반이 몇 달 전에 과학기술·IT 담당장관이 됐다. 그는 자기 입으로 컴맹이라고 자복한 사람이다. 취임하면서 역사적인 명언을 남겼다. "행정절차의 디지털화와 함께, 서류에 날인하는 일본의 전통적인 도장 문화의 양립을 목표로 한다." 이 명언이 얼마나 비난을 많이 받았던지, 그는 결국 '일본 인장제도문화를 지키는 의원 연맹' 회장직을 사임해야 했다.

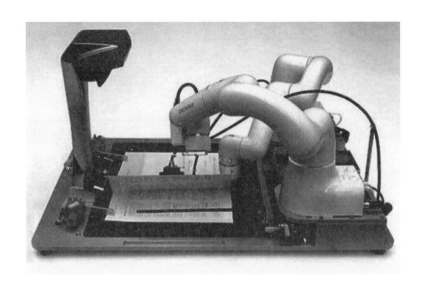

일본은 세계 최고의 로봇 강국이다. 화낙과 같은 경우는 산업용 로봇 시장 세계 점유율 20%, CNC 시장 세계 점유율 50%, 스마트폰 가공기기 시장 세계 점유율 80%를 자랑하며, 테슬라에서 사용하는 로봇팔의 대부분이 화낙 제품이라고 할 정도다.

그 로봇 강국 일본에서 2년쯤 전에 덴소 웨이브와 히타치 캐피털, 히타치 시스템즈 등이 자동 날인捺印 로봇을 개발했다.

자동 날인 로봇은 소형 로봇팔 두 대와 문서 인식용 스캔 카메라로 이뤄져 있다. 한 팔이 서류를 넘기면, 카메라가 문서를 촬영해 도장을 찍는 난이 어디 있는지 — 아마도 머신러닝을 사용해서 — 자동으로 구별한다. 그리고 다른 팔이 인감도장을 집어 인주를 묻히고, 찍어야 할 곳에 정확히 도장을 찍는다.

히타치 캐피털 측은 "산업 현장에서 '날인 작업이 귀찮기 때문에 효율화해 주면 좋겠다'는 의견이 많아 개발했다"고 말했다. 다케모토 장관에게 질 수는 없었던 것일까. 히타치 캐피털도 대단한 명언을 내놓았다. "사람 대신 로봇이 서류 뭉치를 분류해 도장을 찍으면 시간을 절약하는 효과가 있고, 이는 사실상 '서류를 전자화'하는 것과 같다."

2020년 일본의 소프트웨어 개발회사 '드림아트'가 1천 명을 대상으로 인터넷 조사를 실시한 결과, 재택근무 시 불편한 것 2위가 '서류에 사인 및 날인을 받지 못하는 점(28%)'이었다. 직장인의 3분의 1 이상이 단순히 도장을 찍기 위해 출근한 적이 있다는 조사도 나왔다. 'AI가 인류의 미래를 결정지을 것'이라며 인공지능에 엄청난 투자를 하고 있는 소프트뱅크의 손정의 회장은 최근 인터뷰에서 '원격근무 잘하고 있느냐'는 질문에, '원격근무는 잘 하고 있는데, 인감을 찍어야 하는 일이 있어 가끔씩 사무실에 나갈 수 밖에 없다'고 답했다. 천하의 손 회장조차도 인감을 찍어야 돌아가는 일본 사회의 구조에는 어쩔 도리가 없는 것이다. 대단한 경로의존이다.

천국으로 가는 패스, 면죄부

경로 독점이란 것도 있다. 국도변에 하나밖에 없는 휴게소, 나루터의 주막, 모회사의 공급을 독점하는, 재벌 자녀들이 차린 비공개 회사 같은 것이다. 가운데에서 영수증만 발급해주고 이익을 떼어가는 이런 회사를 '검문소'라고 부른다.

중세 교황청에서 팔았던 면죄부도 이런 경로 독점의 산물이다. 그때는 성서가 라틴어였고, 수도원에서 한 글자 한 글자 필사를 했다. 아주 귀하고 몹시 비쌌다. 귀족도 태반이 문맹일 때라 일반인들은 읽을 수가 없었다. 당연히 하나님과 접하는 경로를 신부가 독점했다. 신부가 전하는 말이 곧 하나님의 뜻이 됐고, 이윽고 면죄부를 만들어 파는 지경까지 이르렀다.

재미난 일화도 있다. 고약한 귀족 하나가 면죄부를 팔러 다니는 신부에게 '그걸 사면 앞으로 지을 죄도 면죄가 되는가'하고 물었다. 신부는 '이 면죄부는 대단히 영험하므로 당연히 된다'고 말했다. 비싼 값을 치르고 그것을 산 이 귀족은 판매를 끝내고 마을을 떠나는 신부를 쫓아가 두들겨 패고는 면죄부를 판 돈을 모조리 빼앗아 버렸다. 나중에 귀족은 잡혔지만, 그대로 풀려났다. 면죄부의 영험함을 부정할 수 없었기 때문이다.

마르틴 루터는 젊긴 했지만 그 이론적 깊이로 당시에 매우 존경받던 신학자였다. 그는 95개조 반박문을 교회문에 내걸었다. 이 반박문은 그때쯤 나타나 있었던 구텐베르크의 인쇄기 덕분에 14일 만에 유럽의 독일어권 전역에 퍼졌다.

루터는 그 뒤 10개월 동안 틀어박혀 성경을 독일어로 번역한다. 그가 선택한 독일어는 궁중이나 성 안에서 쓰는 언어가 아니라 백성들의 일반어였다. 성서는 다음 해인 1522년 9월 출판되었고, 이 성경과 함께 경로 독점이 무너졌다. 누구나 직접 '하나님의 말씀'을 읽고 소통할 수 있는 길이 열린 것이다. 그들이 읽은 성서 어디에도 '면죄부'는 없었다.

경로 독점은 결국 무너지게 돼 있다. 국도 옆으로 넓은 자동차 전용 도로가 뚫리면 국도변의 휴게소는 순식간에 폐가가 되고, 강에 다리가 놓이면 나루터도 역할을 잃는다. 사회가 투명해지고 공정거래위원회가 제 역할을 다하면 재벌 자식의 검문소도 설 자리가 없어진다. 전형적으로 회사의 이익을 가로채는 횡령범죄이기 때문이다. 재벌가의 3세, 4세들이 줄을 지어 감옥을 다녀오는 이유는 경로 독점이 무너진 것을 미처 깨닫지 못한 결과다.

현대 한국 사회에도 많은 경로의존과 경로 독점이 존재한다.

나와바리에서 길을 잃다

| **사쓰마와리** 察廻 |
| **나와바리** 繩張 |
| **도꾸다네** 特種 |

사쓰마와리는 찰회察廻, 경찰서 할 때의 찰과 순회할 때의 회다. 경

찰서를 돈다는 뜻이다. 신문사에서는 기자가 처음 들어오면 경찰서에 배치한다. 일제 시대 때부터의 관습이다. 세상의 모든 사건사고가 경찰서로 몰리던 시절의 이야기다. 세상의 변화가 그리 심하지 않던 때, 살인과 방화, 강도가 대단히 큰 뉴스였던 때의 이야기다. 지금은 세상이 너무나 빨리 바뀌어서 인공지능이, 기후 변화가, 뉴욕의 증시가, 일본의 경제제재가 뉴스가 되지만, 아직도 신문사의 사회부 기자들은 뉴스를 찾기 위해 경찰서로 나간다.

나와바리는 승장繩張, 밧줄 승에 펼칠 장을 쓴다. 빙 둘러서 말뚝을 박고 밧줄로 두른 것을 말한다. 구역이라는 얘기다. 야쿠자들이 자기가 삥을 뜯는 구역을 나와바리라고 한다. 예를 들어 칠성파는 부산 칠성다방 주변이 나와바리여서 그런 이름이 붙었다. 기자실이 그런 곳이다. 지금도 허가 받지 않은 기자들은 못 들어간다. 그 사람들 나와바리이기 때문이다.

한때 기자들이 경로를 독점한 때가 있었다. 가서 듣는 것 자체가 특혜이고 권력인 때였다. 경제기획원이니 한국은행이니 장관의 말을 한마디라도 혼자 들으면 그게 도꾸다네特種였다. 해외의 특종보도가 주로 기획기사이거나 탐사보도의 결과인데 비해, 한국의 그것이 유독 '나만 들었다!', '나 혼자 알았다!'가 대부분인 것은 이런 '나와바리'와 '도꾸다네'의 결과다. 그러니 취재원과의 관계가 대단히 중요하고, 갖은 비난을 받아도 기자실을 폐지하지 못하는 것이다.

호외도 마찬가지다. 예전에는 라디오를 가진 집도 드물었다. 큰 사건이 생겼을 때 신문사가 '속보'를 '호외'로 뿌리지 않으면 달리 소식을 전해줄 곳이 없었다. 신문팔이 소년들이 '호외'를 외치며 길에 신문을 막 뿌리고 다녔다.

그런데 세상이 바뀌어 버렸다. 인터넷, 스마트폰, 소셜미디어들이 등장하고, 사회의 복잡도와 발전 속도가 눈부시다. 더 이상 경찰서에 접수되는 사건사고들로는 이 세상을 읽을 수가 없다. AI가 사람을 대체할 거라거나, 전기차 구조가 내연기관차에 비해 워낙 단순해져 수많은 협력업체들이 판매를 할 곳이 사라져 도산과 실직 사태가 일어날 거라거나, 신재생에너지의 효율이 기대보다 빠른 속도로 좋아지고 있다. 기후 변화로 텍사스에서 60여 명이 때 아닌 한파로 얼어 죽었다는 이슈들을 경찰서에서 대체 무슨 재주로 듣겠는가. 그런데도 신문사들은 기자가 새로 들어오면 경찰서로 보내 나와바리를 돌며 사쓰마와리를 하라고 시킨다. '뉴스'를 건져오라는 것이다.

특종이니 속보니 하는 말도 이상하다. 24시간에 한 번씩 인쇄를 하는 매체가 속보를 어떻게 전한다는 것일까? 다른 매체보다 2초나 3초 더 빨리 인터넷에 올렸다는 게 어떤 의미를 가질까? 거기서 전하지 않으면 우리는 알 길이 없나? 세상의 모든 사람들이 제각기 자기 미디어를 갖고 네트워크로 초연결이 된 시대에?

나는 기자들의 신뢰가 떨어진 것, '기레기'라는 멸시를 받게 된 것이 기자 개개인의 윤리적 문제라고는 생각지 않는다. 옛날에는 기자들이 윤리적이고 똑똑했는데, 갑자기 요즘 기자들이 멍청하고 부도덕하고 독자들을 속이려는 사람들로 바뀌었을 리는 없다. 사실 돈을 뜯는 '구악'들은 예전이 더 많았다.

강의 물길이 바뀌어서 강바닥의 벌건 흙이 훤히 보이는데, '여기에 물이 흐르고 있다', '배가 곧 온다', '이 나루터에서만 배를 탈 수 있다'고 주장을 할 수 밖에 없는 것, 경로의존에서 벗어나지 못한 시대 착오의 구조 자체가 그런 불신을 필연으로 만든다.

예를 들어 쇼핑몰에서 '새 신문지'라고 검색을 해보자. 이런 것들이 무더기로 나온다.(오른쪽 상단 그림)

더 이상 신문을 받아보는 사람은 없는데, '아주 많은 독자를 가지고 있다', '여기 물이 흐른다'고 말하려니 보는 이 없는 신문을 한없이 찍어내야 하는 것이다. 윤전기에서 포장을 마친 신문들은 비닐도 뜯지 않은 채 쇼핑몰로 튀어나온다.

마치 벌거벗은 임금님처럼, 모든 사람들이 바닥의 벌건 흙을 보고 있는데, '여기로만 물이 흐른다', '여기서만 배를 탈 수 있다'고 끊임없이 외쳐야 하는 광경을 보는 심정이 어떻겠는가.

신문사들이 이제 바뀐 세상에 대해 근본적인 질문을 하고 새롭게 자신을 정의해보라고 권하고 싶다.

모든 사람이 자신의 미디어를 갖게 된 소셜미디어의 시대,

모든 곳에서 전문가들이 실시간으로 자신의 지식을 공유하는 집단 지성의 시대,

모바일로 모든 사람이 실시간으로 연결된 초연결의 시대에

매스 미디어는 어떤 역할을 해야 할까?

사쓰마와리를 돌고 나와바리를 지키는 대신에 무엇을 하면 이 퍼스널미디어의 시대에 자신의 존재감을 가질 수 있을까?

이런 질문에 답을 찾지 못하면 신문사의 미래는 없는 게 아닐까? 이 과정에서, '구독자가 점점 줄어들고 있는데 어떻게 해야 할 까?'와 같은 가짜 질문에 걸려들지 않기를 진심으로 바란다. 그것 은 곧장 '어떻게'에 대한 답을 찾는 것으로 몰고가 버린다. 지금은

'어떻게'가 아니라, '왜'와 '무엇'을 천착할 때다. 근본적으로 바뀐 환경은 그만큼이나 근본적인 질문과 새로운 정의를 요구한다.

내 판결문을 탐하지 말라

법원의 판결문 미공개도 있다. 한국 사회에선 사실상 판결문을 공개하지 않는다. 공개율이 0.3%쯤 된다.

일제 강점기는 더 말할 것이 없고, 그 후로도 한참 동안을 '보여줘 봐야 까막눈'이었던 시기를 지나왔다. 그러니까 보여주나 안 보여주나 별 차이가 없던 때다. 그때 정립된 관행이다. 이제 세상이 바뀌었다. 이제는 온라인으로도 쉽게 전달할 수 있고, 무엇보다도 검색엔진이 굉장히 발전했다. 아무리 많은 판결도 순식간에 찾아낸다. 공공데이터로 공개를 한다면 굉장히 멋진 일들이 일어날 수 있다. 건국 이래 지금까지의 모든 판결에 대해 온갖 통계를 뽑아볼 수 있다. 수십 년간 한국 사회의 법감정이 어떻게 바뀌어 왔는지, 판례들 간의 모순이 얼마나 있는지, 징벌의 형평성이 깨진 건 없는지도 순식간에 찾아낼 수 있다. 인공지능의 발전에도 큰 기여를 할 수 있다. 영어로 된 인공지능 판결 쪽은 상당히 발전이 되어 있지만 한글 분야는 아예 없다. 데이터가 없었기 때문이다.

이건 사실 판사들에게도 매우 좋은 일이다. 판결 간의 모순을 없애고, 양형의 형평성을 높일 수 있어 사법부의 신뢰도를 높이는 데 큰 역할을 할 수가 있다. 예비 법조인들이 공부를 하는 데도 아주 좋다. 분야별로 최고의 판결들을 뽑아서 공부를 할 수 있고, 비슷한 판결을 할 때 참고로 삼기에도 아주 좋다. 판결을 내리기가 한결 수월해지는 것이다.

대한변호사협회가 몇 년 전에 변호사 1,586명에게 조사한 결과는 93.7%가 판결문 공개를 지지한다고 했다. 반면 대법원 조사에서는 응답한 판사 1,117명 중 미확정 형사 사건 판결문 공개에 대해 찬성한 것이 20.6%에 불과하다. 변호사들의 상당수가 전직 판사다. 법복을 벗자마자 의견이 바뀐다면 논리 외의 무엇이 있다는 뜻이다. '선 자리가 바뀌면 보이는 것도 달라진다'는 유명한 말을 떠올리게 한다.

판사들은 대부분 '개인 정보 보호'를 근거로 공개에 반대하는데, 이런 주장은 '지구 다른 곳에서는 어떤지 모르겠지만, 한국에선 해가 서쪽에서 떠'라는 말처럼 들린다. 미국, 영국과 같은 나라는 불문법이다. 명문화된 법이 있는 게 아니라 과거의 판결, 즉 판례를 따라 판결을 하는 나라다. 당연히 '미확정 실명 판결문'을 전면 공개한다. 공개 재판이 원칙이기 때문에 재판의 결과물인 판결문을 당연히 공개한다는 논리다. 미국은 판결 이후 24시간 내에 온라인 사이트에 미확정 판결문을 게재한다. 영국, 네덜란드는 미확정 판결문을 1주일 내에 공개한다. 영국과 미국이 프라이버시 보호가 우리보다 몇 배나 엄격하면 엄격하지, 못할 리가 있나. 미국, 영국이 망했다는 얘기를 들은 적도 없는데.

다행히 좋은 소식도 있다. 전국법관대표회의는 2021년 1월 18일 온라인 화상회의로 진행된 임시회의에서 판결문 공개 범위 확대 요구 등 4가지 의안을 의결했다. 전국법관대표회의는 우선 국민의 알 권리와 재판 투명성을 높이기 위해 판결문 공개 범위를 더욱 확대해야 한다고 요청했다. 그러면서 소송관계인의 사생활과 개인 정보 침해 방지를 위한 조치를 취할 것도 함께 요청했다.

사실은 판결을 모두 공개하면 '전관 비리'에 관한 통계도 함께 드러난다. 변호사가 사시 기수가 같거나, 근무처가 같거나, 동창/동향인 경우의 판결의 결과가 다른 사건과 견주어 얼마나 차이가 나는지도 쉽게 확인할 수 있기 때문이다. 무성의하게 작성했던 판결들도 다 공개가 된다. 전국법관대표회의가 보여준 용기와 신념에 진심으로 찬사와 존경을 보낸다.

견제 받지 않는 권력은 반드시 부패한다

검사의 기소 독점도 일종의 경로 독점이다. 일제 시대 이래 편법으로 만든 제도가 반성 없이 여기까지 와버렸다. 민주주의의 기본은 **견제와 균형**, Check & Balance다. 민주국가의 정부가 입법, 사법, 행정의 3권 분립 체제를 갖추고 있는 것도 바로 그 때문이다.

그런 점에서 보면 기소 독점은 민주주의의 기본 원칙에도 맞지 않는다. 어떤 잘못을 저질러도 검사가 기소를 아예 하지 않아버리면 판결까지 갈 수도 없다는 건 아주 이상하다. 견제도 균형도 깨져 있는 것이다.

"권력은 부패하기 쉬운 경향이 있고, 견제 받지 않는 권력은 반드시 부패한다"라고 에이브러햄 링컨이 말했다. 이 말에 따르면 현재의 검찰은 절대 부패할 수 밖에 없는 구조가 되어 있다는 것이다. 개개 검사의 도덕성과는 무관한 얘기다.

실제로 검찰이 자체 인지했거나 독자적으로 기획한 수사의 경우에 무죄율이 일반 사건의 다섯 배나 된다. 그러니까 수사를 잘 하지도 못한다.

1) 2000년 이후 대검찰청 중앙수사부(2013년 중수부 폐지 이후엔 중앙지검 특수부, 특별수사본부 등)에서 수사해 구속기소한 주요 권력형 비리 사건 피의자 중 형이 확정된 119명의 대법원 판결 결과 무죄율이 10.1%로 같은 기간 일반 형사 합의 사건 무죄율(2.3%)의 다섯 배, 검찰이 기소한 전체 사건 무죄율(0.58%, 2015년 기준)의 17배.

2) 2004~2008년 5년간 검찰의 인지 사건 수사로 기소(약식 기소 포함)된 14만675명 중 1심 재판 무죄선고자 비율도 일반 사건의 다섯 배인 1,430명(1.02%). 반면 같은 기간 일반 사건의 경우 전체 기소자 618만2,677명 중 무죄선고자는 1만2,833명(0.21%).

이런 숫자는 실은 아주 당연하다. 경찰이 수사를 하면 검찰이 기소를 하기 전에 들여다 본다. '견제와 균형'이 작동을 하는 것이다. 검찰이 직접 수사를 하면? 봐줄 사람이 없다. 게다가 몇 달씩 수사를 했는데 그게 무죄라면? 고과에서 나쁜 점수를 걱정해야 한다. 하여간 기소를 하고, 몇 달 있다 다른 지청으로 옮겨가면 그 사건은 후임 검사가 맡게 된다. '기소를 하는 편이 낫다'는 구조라는 것이다.

바뀐 물길을 찾아 떠나자

경로의존은 내지 않아도 될 엄청난 비용을 내게 만든다. 이게 무서운 점은 우리가 수시로 확인하지 않으면 무심결에 저지르게 된다는 것이다. 그동안 하던 대로 하는 것이라 이편이 아주 자연스럽기 때문이다. 하지만 잘못된 경로의존은 왼편으로 가는 영국의 자동차처럼 자칫 후대 수백 년에 걸쳐 계속 대가를 치르게 만든다.

모든 경로 독점은 무너지게 되어 있다. 기후가 바뀌고 지질이 바뀌면 바뀐 물길은 다른 곳으로 흐른다. 말라버린 나루터에서 백 년을 기다린들 떠난 배는 돌아오지 않는다. 최악은 경로의존이 경로 독점과 결합하는 경우다. 후손들을 위해서라도 바뀐 물길을 찾아 떠나야 한다.

3개의
질문

− 우리는 왜 오래된 맛집이 드물까?
− 우리 정치는, 혹은 초선은 왜 이리 구리지?
− 왜 이렇게 구속되는 군수가 많을까?

노포老鋪의 나라 일본

오와리야尾張屋는 교토에서 가장 오래된 소바집이다. 1465년 무로 마치 막부 때 나고야의 오와리 지역에서 교토로 이사를 해 과자 가게를 연 것이 시작이다. 에도 시대 중기쯤 선불교 사찰들이 중국으로부터 소바를 들여와 먹기 시작했고, 수요가 넘쳐 절에서 만드는 것만으로는 감당을 할 수가 없게 되면서 오와리야와 같은 과자 가게들이 합류했다. 1700년경부터 여러 절에 소바를 공급하기 시작했고 그뒤 왕실에 소바를 공급하는 공식 납품업체로 선정됐다.

가메이도龜井堂는 기와 모양의 전병을 만든다. 가게가 있는 곳은 에도 시대부터 상인들이 몰렸던 니혼바시 인근 닌교쵸다. 150년쯤 됐다.

우부케야^{うぶけや}는 철물점이다. 주로 칼을 만들었다. '우부'는 솜털이다. 사람들이 여기서 만든 칼은 솜털도 자른다고 해서 우부케야가 됐다. 1783년 창업해 올해로 239년째다. 부엌칼은 지금도 일본시장의 약 30%를 점유하고 있다고 한다.

이런 가게들을 일본에선 '시니세'老鋪, 노포라고 부른다. 최소한 100년은 넘어야 시니세로 불릴 자격을 얻는다. 한국엔 왜 이런 노포가 적을까?

한국, 오래된 맛집의 비밀

몇 해 전 국내 유수의 음식 배달 서비스 회사에서 한국의 오래된 맛집의 비밀을 연구하는 프로젝트를 가동한 적이 있다. 오래된 맛집의 비밀을 알 수 있다면 이것을 잘 정리해 자사의 서비스를 쓰는 자영업자들에게 알려줄 수 있겠다고 생각한 것이다. 막상 연구 결과가 나온 뒤 이 업체는 발표를 하지 못하고 접었다. 비밀을 발견하긴 했는데, 전혀 자영업자들에게 알려줄 만하지가 않았던 것이다. 이 연구결과는 오래된 맛집의 비밀로, 압도적인 단 하나의 변수를 가리켰다. '자가 점포'. 자기 점포에서 영업을 하지 못한 거의 대부분의 맛집들이 장사를 이어가지 못했던 것이다. 예를 들어 경리단길에 대한 〈한국일보〉의 기사를 보자.

"'원조' 경리단길의 분위기는 심상치 않다. 메인 대로변 상가조차 불이 꺼져 있고 사람들의 발길이 뚝 끊긴 가게에는 상인들의 한숨만 깊다. 2013~14년 무렵부터 개성 넘치고 이국적인 분위기의 가게들, 특히 당시로선 드물던 수제맥줏집들이 자리 잡으며 '핫플레이스'로 부상한 것이 불과 몇 년 전이다. 외지 손님이 몰려들고 임대료가 치솟으면서 처음엔 슈퍼마켓, 세탁소, 과일가게 등 동네 주민들을 상대로 오래 장사해온 이들, 그 다음엔 상권 형성에 기여한 점주들이 가겟세를 감당하지 못해 젠트리피케이션(원주민 이탈) 논쟁을 촉발한 뜨거운 골목이기도 했다. 현지 상인들과 전문가들은 경리단길 쇠락의 최대 원인으로 턱없이 높아진 임대료를 꼽는다. 결국 경리단길을 키웠던 상인들이 비싼 임대료를 감당하지 못해 하나둘 골목을 떠나는 젠트리피케이션 현상이 벌어졌다."

임차인이 갖은 노력을 다해서 입소문을 내고, 그래서 손님이 늘어나고 매상이 올라가면 그만큼 혹은 그 이상을 건물주들이 냉큼 임대료로 가져가 버린다는 것이다. 전형적으로 노력을 할수록 벌을 더 받게 되는 구조다. 이런 구조에서 100년 된 노포가 나온다면 그게 기적이지.

일본은 뭐가 다를까?

차지차가법借地借家法

우리의 임대차보호법에 해당하는 게 일본의 **차지차가법**借地借家法이다. 건물의 임대차 계약의 갱신 거절과 관련하여 이 법 28조는 이렇게 기술하고 있다.

"제28조 (건물 임대차 계약의 갱신 거절 등의 요건) 건물 임대인의 제26조 제1항의 통지 또는 건물 임대차 해약 신청은, 건물 임대인 및 임차인(전차인을 포함한다. 이하 이 조에서 같다)이 건물 사용을 필요로 하는 사정 외에 건물 임대차에 관한 지금까지의 경과, 건물의 이용상황 및 건물의 현황, 건물의 임대인이 건물을 명도하는 조건으로 또는 건물의 명도와 바꾸어 건물 임대인에게 재산상 급부한다는 뜻의 신청을 한 경우의 그 신청을 고려하여 정당한 사유가 있다고 인정되는 경우에만 가능하다."

그러니까 임차인이 월세를 제때 내지 못하고 있거나, 임차 기간 중 건물에 손상을 입혔다거나 하는 등의 특별한 이유가 아니면 건물주는 임대 연장을 거부하지 못한다고 법으로 못을 박고 있는 것이다.

임대료에 관한 조항은 32조다.

"제32조 (차임증감청구권)

1. 건물의 차임이 토지나 건물에 대한 조세, 그 밖의 부담의 증감, 토지나 건물 가격의 상승이나 저하, 그 밖의 경제 사정의 변동으로 또는 인근 동종 건물의 차임과 비교하여 상당하지 아니하게 된 때에는 계약 조건에도 불구하고 당사자는 장래에 대한 건물의 차임액의 증감을 청구할 수 있다. 다만, 일정 기간 건물의 차임을 증액하지 아니한다는 뜻의 특약이 있는 경우에는 그 규정에 따른다.

2. 건물의 차임 증액에 대하여 당사자 간에 협의가 성립되지 아니하는 때에는 그 청구를 받은 자는 증액이 정당하다는 재판이 확정될 때까지는 상당하다고 인정하는 액수의 차임을 지불하면 된다. 다만 그 재판이 확정된 경우에 이미 지불한 액수가 부족한 때에는 그 부족액에 연 10퍼센트의 비율에 따른 납기후이자를 붙여 지불하여야 한다."

주변 비슷한 건물의 임대료와 비교해서 상당히 낮은 경우가 아니면 함부로 임대료를 올리지 못하게 못을 박고 있다. 분쟁이 있으면 재판으로 해결해야 하며, 주변의 임대료가 많이 올랐다는 것도 건물주가 입증해야 한다.

이런 구조라면 식당 주인이 죽을 힘을 다해서 열심히 할 만하다. 노력의 대가를 고스란히 자신이 가질 수 있기 때문이다. 적어도 열심히 한 결과로 쫓겨나는 일은 없을 것이다.

우리도 노포를 가질 수 있다

그러니까 우리도 노포를 가질 수 있다. 임대차보호법을 일본의 차지차가법과 같이 약자인 임차인을 보호하는 것으로 고치면 된다. 그리고 한 15년쯤을 더 기다리면 우리는 전국 곳곳의 골목에서 10년이 넘은 맛집들을 만날 수 있고, 십여 년을 연구해 한층 깊어진 국물 맛을 즐겁게 음미할 수 있게 될 것이다.

초등학교 5학년때부터 정치를 가르치는 독일

2차 세계대전이 끝난 뒤 독일 사회가 받아든 가장 큰 질문은 '히틀러가 다시 나오지 않게 하려면 어떻게 해야 하는가?'라는 것이었다. 히틀러는 1932년 총선에서 원내 1당이 됐고, 1933년 국민투표를 통해 총통이 됐다. 그는 모든 것이 합법적인 가운데 총통이 됐고, 그런 다음 인류사에 유례를 찾기 힘든 엄청난 만행을 저질렀다. 독일 사회가 올바른 답을 찾지 못한다면 히틀러는 언제든 다시 나타날 수가 있었다.

이 고민을 풀기 위해서 독일의 진보·보수를 대표하는 정치인·지식인들이 조그마한 시골 도시인 보이텔스바흐Beutelsbach에 모인다. 그리고 '이념과 정파를 뛰어넘는 정치교육 3원칙'에 합의한다. 그 이름을 따 **'보이텔스바흐 협약'**으로 불린다.

협약엔

▶ 강제적인 교화敎化와 주입식 교육을 금지하고, 학생의 자율적 판단을 중시하며

▶ 논쟁적인 주제는 다양한 입장과 현실이 그대로 드러나도록 하고

▶ 학생의 상황과 이해관계를 고려해 스스로 시민적 역량을 기르도록 돕는다는 내용이 담겼다.

그러니까 독일의 시민 사회가 해결책으로 내놓은 것은 '성숙한 시민'이었다. 즉 "민주주의라는 제도를 갖추는 것 못지않게 그 제도를 운영하는 시민의 역량도 중요하다"라는 것이었다. 독일에선 초등학교 5학년 때부터 고교 졸업 때까지 정치교육을 한다.

독일 출신 방송인인 다니엘이 자신의 고교 시절 정치교육 수업을 회고한 게 있다. 수업은 대부분 토론식인데 고1 때 다룬 주제는 '민주주의 대 사회주의'였다. 몇 주 동안 교실의 모든 학생이 참여해 양 체제를 놓고 논쟁을 벌이는데, 이 수업의 특징은 하나의 관점에만 머물지 않고 반대 입장으로 바꿔가며 토론한다는 점이었다. 같은 학생이 지난주에 민주주의를 지지하는 논리를 폈다면 이번 주엔 사회주의를 옹호하는 방식으로 한다. 상대의 입장을 이해하게 하기 위해서다.

독일 노르트라인-베스트팔렌 주 교육부에서 발행한 '정치교육 지침'에 수록된 교육의 기본 목표를 보자. 12개의 지향점을 제시하

고 있다. 그중 일부를 읽어보면 다음과 같다.

- 자기 자신의 권리를 알고, 가능하면 자기의 이해를 연대적으로 타
협할 자세를 갖춘 채 주장할 수 있을 뿐만 아니라, 사회의 이해와 손
해를 본 사람의 이해도 고려하고, 때에 따라서는 우선권을 주기도 할
줄 아는 능력과 그것에 필요한 자세
- 갈등의 사회적 기능을 인식하는 능력과, 적합한 사상을 선택함으
로써 갈등의 해결에 참여하려는 자세
- 다양한 사회집단에 소속되어 함께 일하면서 어려움을 견뎌내고
자기 발전의 기회를 활용하며 관용을 베풀 수 있는 능력과 그것에 필
요한 자세

차이가 너무 확연하지 않은가?

타협하고 상생하는 사회를 만들자면

우리가 진심으로 타협하고 상생하는 사회, 토론하고 협상하는 사회
를 만들고 싶다면 교육을 바꿔야 한다. 국회의원들이 토론을 하지
못하는 것, 기자들이 취재원의 주장의 문맥을 이해하지 못하는 것,
기업이고 정치고 내놓는 사과문이 한결같이 듣는 이의 입장을
고려하지 못한 채 안 하느니 못한 말로 업보를 쌓는 게 다 이런 시

민 교육의 부재 탓이다.

우리가 교육을 고쳐 다음 세대들에게 정치를 제대로 가르친다면, 그래서 '자기 자신의 권리를 알고, 가능하면 자기의 이해를 연대적으로 타협할 자세를 갖춘 채 주장할 수 있을 뿐만 아니라, 사회의 이해와 손해를 본 사람의 이해도 고려하고, 때에 따라서는 우선권을 주기도 할 줄 아는 능력과 그것에 필요한 자세'를 갖출 수 있게 할 수 있다면, 15년쯤이 흐른 다음, 우리는 대화가 통하고, 상대의 입장을 이해하며, 합리적인 토론을 할 줄 아는 젊은이들이 새로운 사회를 만들어나가는 광경을 볼 수 있을지도 모른다. 그렇게만 된다면야 20년인들 길다고 하겠는가.

'전문직'으로서의 정치

조 바이든은 28살이 되던 해인 1970년 뉴캐슬 카운티 의회 의원 선거에 도전한다. 공화당 강세 지역이라 민주당에선 나서려는 후보가 거의 없었다. 델라웨어 지역에서 바이든 외에는 대부분의 후보가 참패하면서 바이든은 28세의 젊은 나이에도 불구하고 델라웨어 민주당에서 상당히 저명한 인사가 될 수 있었다. 그리고 1972년 연방 상원의원 선거에 출마한다. 당시 해당 선거구의 상원의원인 보그스J. Caleb Boggs는 델라웨어 지역에서만 3선을 지낸 공화당의 베테랑 중 베테랑이었다. 말하자면 패전 처리 투수로 동원되었던 그는 이 선거를 3천 표 차이로 기적적으로 이김으로써 미국 역사상 다섯 번째로 어린 상원의원이 되었다. 그리고 2021년 조 바이든은 역사상 가장 나이가 많은 미국 대통령 당선자가 된다. 정치 경력 50년도 미국 사상 최고다.

버락 오바마는 하버드 로스쿨에서 법학 박사 학위를 땄다. 흑인 최초로 하버드 로리뷰의 편집장이 되어 전국적인 유명세를 탔다. 졸업한 그는 시카고에서 흑인 빈민가들을 위한 사회운동가로서 활동하다 97년 일리노이주 의회 선거에 출마해 당선된다. 3선을 한 그는 연방 의원 선거에 도전해 한차례 고배를 마신 뒤 2004년 상원의원이 됐고, 그해 민주당 전당대회에서 연설로 일약 전국구 스타가 됐다. 그는 미국의 제 44대 대통령을 지냈다.

한국 사회는 유독 '전문직'으로서의 정치를 인정하지 않는 것처럼 보인다. 미디어에 자주 나와 말을 잘하거나, 얼굴이 멀끔하고, 돈을 좀 벌었고, 판사, 검사로 경력을 좀 쌓았으면 그날로 바로 정치를 잘 할 수 있을 거라고 믿어버린다. 과연 그럴까?

정치의 본질

정치는 말하자면 '한 사회의 자원을 어떻게 배분할지를 결정하는 일'이다. "대표 없이 과세 없다"No taxation without representation는 미국

독립전쟁의 모토다. 미국에 사는 주민들의 의견을 하나도 듣지 않은 채 '설탕법'과 '인지세법'을 제정했던 대영제국은 이 일로 영원히 미국을 잃었다. 그러므로 정치가의 일은 자원을 어디에 어떻게 쓸지에 관한 '공론'을 이끌어내는 것이다. 각계각층의 이해관계자들의 상충하는 이해들을 조정하고, 능숙한 관료들의 은밀한 저항을 받아내며, 세대 간의 자원 배분의 형평성까지를 고려해가며 '공론'을 만들어 내는 것이 곧 정치가의 일이다. 이것은 대단한 전문직이다.

바이든이 카운티, 우리로 치면 면이나 군 의원 선거부터 시작한 것, 오바마가 도 의회 선거로부터 시작한 것은 이런 때문이다. 미국과 유럽에선 정치가로 입문하는 과정이 길다. 흔히 학생 때부터 당에 가입해 활동한다. 지방의회에 출마해 자신의 의정 능력을 입증하면 그 바로 위 광역 선거로 불러 올리고, 거기서도 능력을 입증하면 지방자치단체 장에 출마하게 하거나 중앙정치로 호출한다. 그때쯤이면 30대에도 이미 풍부한 경험과 실력을 쌓은 '전문' 정치인이 되어 있을 때다.

우리 초선들이 많은 경우 구린 느낌을 주는 것은, 이런 과정들이 없이 선거철이 닥치면 '남의 밭에서 무 뽑아 오듯' 느닷없이 정치를 시키기 때문이다. 전형적인 '쇼윈도 정치'다. 그러니 평생 살면서 '공론화'를 해본 적 없는 사람들이 많다. 특히 기업가 출신이거나 판사, 검사 출신들이 공론화에 취약할 때가 많다. 끝도 없이 이어지는 토론과 청취의 과정이 끔찍한 비효율이라고 알고 살아온 사람들이기 때문이다. 이분들이 흔히 '정치의 비효율'을 없애겠다고 말하는 게 이런 때문이다. '공론화를 통한 합의'라는 정치의 본질을 알지 못하는 것이다.

한국 지방자치, 군수의 무덤

이 기사를 보자.

> 뽑아 놓으면 구속 "군수 무덤" … 선거법 위반·뇌물 혐의*
> **"비리에 연루된 인사의 약 80%는 기초단체장, 특히 인구 30만이 안 되는 소규모 지자체의 장**이었습니다. 심지어 군수 서너 명이 내리 구속되어 군수의 무덤이라고 불리는 곳도 있습니다.
> 정동훈 기자가 현장을 취재했습니다.
> 지난달, 경남 함양군수가 승진 대가로 공무원 3명에게서 5천만 원을 받은 혐의로 구속됐습니다.
> 군민들은 낯을 못 들겠다고 말합니다.
> [함양군민] "탄원서도 만들고 그랬어 사실은. 구속시키지 말아 달라고. (왜요?) 애들 말로 너무 쪽팔려서…"

* https://imnews.imbc.com/replay/2018/nwdesk/article/4565639_30181.html

군수가 구속된 게 벌써 4번째이기 때문입니다. 1명은 선거법 위반, 나머지 세 군수는 뇌물을 받아 구속됐는데 이 중 두 명은 같은 업자에게서 차례로 뒷돈을 받아 구속됐습니다.

[함양군민] "아이고 몰라, 선거 이제 그만 맛이 떨어졌어. 만날 함양 이 XX을 하니 누구를 (선출)해야 할지 몰라."

이번에는 면적이 서울시와 맞먹는 전남 해남군을 찾아가 봤습니다. 군수실 출입문이 굳게 잠겨 있습니다.

[해남 부군수실 직원] "저는 부군수 비서였고."

(군수님 비서는요?)

"지금 다른 데로 갔어요. 여기(군수실)가 어차피 폐쇄니까."

직원들은 군수 얼굴을 못 본 지 어느새 2년째. 뽑아놓으면 인사 비리로 구속되고, 다시 뽑아놓으면 공사 비리로 구속되고, 이번 군수는 공무원 승진 점수를 조작했다가 구속됐습니다."

왜 이렇게 됐을까? 기사는 단체장과 공무원의 결탁, 좁은 지역에서의 학연과 지연 그리고 실종한 '감시의 눈'을 지적한다.

단체장과 공무원의 결탁에서 비리는 시작됩니다. 선거 운동 단계부터 공무원들이 캠프에 가담해 인사권을 틀어쥔 단체장과 승진에 목매는 공무원 사이 사적인 공동체가 형성된다는 겁니다.

[김 모 씨/전 군청 공무원] "공무원들이 선거운동 합니다. 실질

적으로 암암리에 진급을 하려고, 줄을 서는 거 아닙니까. (군수가) 안 도와준 사람들은 한직으로 보내버리고…"

여기에 이권을 챙기려는 토착업체가 합세하면서 좁은 동네에서 한통속이 되고 마는 건 시간문제라는 얘깁니다.

[안시영/보성군 공무원노조 위원장] "관행들이 이제 곪아 터졌다는 생각을 해 보고, 그전에도 뭔가 있었겠죠. 특히 조그만 지역사회, 조그만 자치단체, 이런 데가 더 심하다고 보면 되죠. 투명성이 떨어진다 이거죠."

감시의 눈은 거의 없습니다.

지방 의회는 단체장과 같은 당에서 80~90%를 장악하는 경우가 적지 않고, 게다가 학연, 지연, 혈연까지 얽히고 설킵니다.

[이숙경/함양시민연대 사무처장] "건너가면 선배고, 건너가면 사촌이고, 지역이잖아요. 아주 오랫동안. 학연, 지연, 혈연이 엄청나다는 얘긴 거죠."

감시의 눈은 어떻게 됐을까?

2019년 기자협회보의 보도*에 따르면 주요 지역신문사 17곳 중

• http://journalist.or.kr/m/m_article.html?no=46391

지역종합일간신문 최대주주와 소유지분율		
※자료: 금융감독원 전자공시시스템		
회사명	주주명	지분율(%)
강원일보	강원흥업(주)	32.43
경인일보	KD운송그룹	17.50
광주일보	(주)효성	49.00
국제신문	농인불교선양원대표 이정섭	77.38
대전일보	남정호	70.11
매일신문	(재)대구천주교유지재단	99.32
부산일보	(재)정수장학회	100
영남일보	동양종합건설	49.19
남도일보	중흥토건(주)	100
광주매일	남양건설	43.64
인천일보	(주)부영주택	49.87
한라일보	이중근(부영그룹 회장)	49.00
중도일보	부원산업개발	미확인
경남신문	학교법인 한마학원	65.5
전남매일	골드클래스(보광건설(주))	미확인
전남일보	조선내화	41.35
전북일보	(주)자광	45

지역방송 최대주주와 소유지분율		
※자료: 금융감독원 전자공시시스템		
회사명	주주명	지분율(%)
G1 강원민방	(주)SG건설 외 2인	40.00
경기방송	(주)호주건설	21.16
광주방송	(주)호반건설	16.6
대구방송	(주)나노켐	33.81
대전방송	(주)우성사료	39.80
울산방송	(주)삼라마이다스	30.00
전주방송	(주)일진홀딩스	40.00
JIBS	(주)한주홀딩스코리아	31
청주방송	(주)두진 외 2인	36.22
KNN	(주)넥센	39.44
OBS경인TV	(주)영안모자	13.67

7곳, 지역방송 11곳 중 5곳의 대주주가 건설사다. 주로 건설사들의 언론사 인수가 이어지고 있다. 왜 그럴까? 중흥건설은 2017년 광주전남 지역지 남도일보를 인수했다. 그해 5월 23일 인수 뒤 2019년 7월까지 2년여 동안 중흥건설이 언급된 기사는 340건이 나왔다. 이것은 99년부터 인수 전까지 18년 동안 나왔던 303건보다 많은 양이다. 충남대전의 중도일보는 2019년 1월 최대주주 모회사 부원그룹의 증축 공사 중 화재 사건을 아예 보도하지 않았다. 감시의 눈이 토목건설의 입이 되어버린 것이다.

한국 정치, '라 마시아'를 운영하자

세계 최고의 명문 구단 FC바르셀로나에는 '라 마시아 데 칸 플라네스'가 있다. '라 마시아'는 카탈루냐어로 농장이라는 뜻이다. 바르셀로나의 미래를 책임질 유소년들을 길러내는 곳이다. 얼마나 체계적으로 제대로 길러내는지 '마르지 않는 샘물', 라 마시아라 불린다.

카를레스 푸욜, 차비 에르난데스, 안드레스 이니에스타, 세르지오 부스케츠, 페드로 로드리게스, 제라르 피케, 세스크 파브레가스 등이 모두 라 마시아 출신이다. 그리고 무엇보다도 축구의 신! 리오넬 메시도 라 마시아가 키워냈다.

1970년 28살의 나이로 뉴캐슬 카운티라는 군의회 의원으로 출마했던 조 바이든은 50년 뒤 미 합중국의 대통령이 됐다. 그가 부통령일 때 대통령이었던 오바마는 97년 일리노이주 도의회 의원으로 시작해 2008년 대통령에 올랐다. 그들은 말하자면 미국이라는 명문구단의 라 마시아가 키워낸 유소년들이었다.

한국 정치에도 라 마시아가 필요하다. 젊은 청년들을 작은 자치단체에서부터 키워내자. 그들이 역량을 입증하면 상위 단체로 올려 더 큰 경기를 뛰게 하고, 이윽고 그중 가장 나은 스타가 한국의 정치를 이끌게 하자. 주인을 잃은 채 선거철만 지나면 군수들이 줄줄이 구속되는 '토호들의 리그'를 주민의 품으로 되돌릴 수 있을 뿐더러, 우리도 삼십 대에 이미 풍부한 경험을 쌓은 **전문가로서의 정치가**들을 갖게 될 것이다.

삶은 콩을 심어놓고 싹이 나기를 바랄 순 없다. 심지도 않은 씨를 수확하는 건 더더욱 안될 일이다. 정당을 바꾸고 공천시스템을 고치면 우리도 15년쯤 뒤에는 바르셀로나 부럽지 않은 명문 정당들을 볼 수 있을지 모른다. 오래된 맛집도, 뛰어난 젊은 정치인도. 시간이 필요한 일은 시간을 들여서 해야 한다.

코로나 시대의
재정 정책

코로나 바이러스가 인류를 강타하고 있다. 전 세계의 비행기들이 다시 뜰 기약 없이 활주로에 내려 앉았고, 원유는 가져가면 되려 웃돈을 얹어주는 데까지 이르렀다.

이 세계적 위기에 정부는 무엇을 할 수 있을까?

우선 내가 경제학을 잘 모른다는 것을 먼저 밝혀야 하겠다. 이 글은 어떤 정책을 펴야 우리 앞에 닥친 이 위기를 현명하게 벗어날 수 있을까, 혹은 오히려 전화위복의 기회로 삼을 수 있을까를 함께 얘기해보자는 마중물이다. 활발한 토론이 일어나, 귀한 지혜를 모을 수 있기를 희망하며 미숙한 말을 보탠다.

몇 가지 경제적 개념들을 이야기하지 않을 수 없다. 토론의 바탕이 되기 때문이다. 아는 범위 안에서 최대한 쉽게 설명하려고 한다.

'통화유통속도'라는 게 있다. 시중에 돈이 얼마나 빨리 도는가? 하는 것이다. 명목총생산GDP을 통화로 나눈 값이다. 총통화M2 유통속도평잔기준는 2004년 0.98에서 2018년 0.72로 계속해서 떨어지고 있다. 우리나라의 유통속도 하락률은 -3.5%로 OECD 16개국 중 가장 폭이 컸다.

'통화승수'라는 것도 있다. 중앙은행이 화폐 1원을 발행했을 때 몇 배의 통화량을 창출하는지를 보여주는 지표다. 본원통화를 시중통화량M2으로 나눠 계산한다. 우리나라의 통화승수는 지난 2010년까지 24 수준이었지만 이후 지속적으로 하향곡선을 그리면서 지난해 12월 16.83까지 떨어진 상황이다. 역시 돈이 잘 돌지 않고 있다는 뜻이다. 통화승수와 통화유통속도가 계속 떨어지고 있다는 것은 중앙은행의 통화 정책이 점점 실효성을 잃고 있다는 것을 의미한다. 실제로 기준금리를 역대 최저치인 0.75%까지 떨어트렸지만, 돈은 부동산과 단기성 금융상품으로 몰리고 있다. 금리, 즉 돈값을 떨어트려도 그게 투자나 소비로는 좀체 이어지지 않고 있다는 것이다.

돈과 관련해서 정부가 쓸 수 있는 정책으로는 '통화 정책'과 '재정 정책'이 있다. 통화 정책은 아주 간략히 말해서 시중의 통화의 양을 조절해서 경기에 대응하는 것이다. 돈을 많이 풀면 금리가 낮아지고, 그래서 대출이 많이 일어나고 그게 투자와 소비를 활성화한다는 것이다. 반대의 경우엔 시중에 도는 돈을 회수한다.

재정 정책은 정부가 직접 돈을 집행해서 수요를 만들어 경기에 대응하는 것이다. 경기가 과열이 될 때는 정부가 돈을 덜 쓰거나 세금을 더 많이 걷고, 경기가 나쁘면 재정을 풀어 수요를 늘려 경기를 좋게 한다는 것이다.

앞서 본 것처럼 통화 정책은 조금씩 실효성이 줄어들고 있다. 비단 우리나라만 그런 게 아니다. 미국 연방준비제도 의장을 지낸 벤 버냉키도 통화 정책의 한계를 말하고 있다. 지난 1월 4일 전미경제학회 '새로운 통화 정책 수단'이라는 제목의 특별 강연에서 그는 "성장률이 낮고 인플레이션과 금리도 낮은 상황에서 통화 정책의 대응 능력은 제한적일 수밖에 없다"라고 토로했다. 버냉키는 중앙은행이 공급하는 유동성의 일부를 재정 지출이나 감세 재원으로 활용하여 실물 경기를 직접 자극하는 것이 가능하다는 견해도 밝힌 바 있다. 스탠리 피셔, 그레고리 맨큐 등 주류 경제학자들도 최근에는 '직접 지원'을 강조하고 있다. 좀체 볼 수 없었던 대단히 이채로운 장면이 아닐 수 없다.

통화 정책에 관해 얘기를 했으니, 이제 재정 정책에 대해서도 얘기를 해 보자. 왜 버냉키, 피셔, 맨큐와 같은 대표적인 주류 경제학자들이 재정 지출과 직접 지원을 하자고 주장을 하는 걸까?

정부가 빈 땅에 구덩이를 팠다가 도로 묻는 일을 한다고 하자. 공사에 참가한 김씨는 노임으로 10만원을 받았다. 살림이 빠듯한 김

씨는 저금은 못하고, 옆집 이씨에게 쌀을 사고, 박씨에게 반찬을 사는 데 10만원을 쓴다. 이씨와 박씨는 다시 정육점을 하는 목씨와 편의점을 하는 최씨에게 돈을 쓴다. 목씨와 최씨는 아이들에게 용돈으로 이 돈을 지급했다. 아이들은 친구들과 노는 데 이 돈을 쓴다. 이 결과를 한번 보자. 정부는 별반 한 게 없는 것처럼 보인다. 구덩이를 팠다 도로 묻는 쓸모 없는 일에 10만원을 썼으니 재정을 축낸 셈이다. 그런데 돈을 번 사람은 일곱이 넘는다. 게다가 돈이 도는 속도도 아주 빨랐다. 여유가 없는 서민들이라 돈을 움켜쥐고 있을 수 없기 때문이다. 이것이 재정 정책이다. 구덩이를 팠다가 그대로 묻어도 여럿이 돈을 벌게 할 수가 있는 것이다.

가장 유명한 재정 정책으로는 대공황기 미국의 뉴딜이 있다. 미국의 32대 대통령 루즈벨트는 테네시강 유역 개발공사 등 대규모 토목공사를 일으켜 일자리를 만들고, 노동자들의 구매력을 늘려 멈춘 공장을 돌리게 함으로써 대공황을 멈추게 하는 데 성공했다. 물론 그는 이것만 한 것은 아니다. 그는 사상 최초로 노동자의 단결권과 임금교섭권을 보장하고, 최저임금과 최고 노동시간을 법으로 명시했다. 1935년엔 사회보장법을 만들어 사회적 약자를 위한 안전판을 마련하기도 했다. 이런 조처들이 내수 시장의 안정적인 확대를 낳았고, 뉴딜의 성공을 이끌어냈다.

버냉키와 맨큐, 피셔들도 동의하듯 이번 위기를 극복하는 데 재정 정책은 필수적이다. 그 규모는 위기의 크기만큼, 그 속도는 바이

러스가 퍼지는 빠르기만큼이 될 것이다. 대단히 크고, 압도적으로 빨라야 한다.

중국의 사례를 참조할 만하다. 시진핑 국가주석은 2020년 3월 공산당 중앙정치국 상무위원회의 코로나 방역 및 경제 안정화 관련 회의에서 "5G망 구축, 데이터센터 건설 등 신형 인프라 건설을 서둘러야 한다"고 밝혔다. 상무위원회가 꼽은 신인프라 사업은 모두 7개다. 1) 5G 통신망 확충, 2) 고속·도시철도 노선 연장, 3) 산업인터넷(스마트공장) 확대, 4) 특고압 설비 확충, 5) 데이터센터 추가 건설, 6) AI 투자, 7) 전기차 충전소 확대 등이다.

진행 속도가 가장 빠른 분야는 5G 통신망 확충이다. 중국 당국은 AI, 자율주행차, 사물인터넷 등 다양한 신산업과 시너지를 낼 수 있는 5G 네트워크를 대표 신인프라로 보고 있다. 목표는 지난해 13만여 개였던 기지국을 올해 5배 수준인 60만 개 이상으로 늘리는 것. 중국은 이런 신인프라를 대대적으로 구축함으로써 디지털경제에서 확실한 우위를 점하고자 한다. 중국 언론들은 곧 있을 전인대에서 약 5,900조 원, 중국 GDP의 무려 30%가 넘는 초대형 부양책이 발표될 것이라고 전망한다.

재정 정책의 집행에 관해서는 아래와 같은 네 가지를 기준으로 삼을 만하다고 생각한다.

1. 미래를 대비할 수 있는 일이어야 한다. 중국의 신인프라와 같은 투자를 말한다. 4대강과 같은 일을 해선 안 된다.

2. 일회성에 그치기보다는 인프라 또는 지속적인 수요 창출이 될 수 있는 일이 좋다. 재생에너지 사업, 스마트도로와 스마트조선과 같은 일이 될 것이다.
3. 일자리가 많이 생기는 일이 좋다. 국산제품을 많이 쓸 수 있고, 인력이 많이 들어가는 일이 낫다.
4. 중소기업이 투입되는 일이 좋다. 우리나라 고용의 절대다수를 중소기업이 담당하고 있다.

이런 원칙을 따를 때 어떤 정책을 펼 수 있을까? 몇 가지 제안을 내놓는다. 실용적이면서도 과감하고 미래지향적인 정책 아이디어들이 쏟아져 나오기를 기대한다.

5G망을 정부가 구축하자

5G망은 중국 정부가 본 대로 미래의 인프라가 될 만하다. 문제는 아직 제대로 된 비즈니스 모델을 찾지 못했다는 것이다. 5G는 AI, 자율주행차, 사물인터넷 등 다양한 신산업과 시너지를 낼 수 있는 미래의 네트워크가 될 만하지만 비즈니스 모델로서는 아직 오지 않은 미래다. 5G는 초고속, 초저지연, 초연결 세 가지를 주요한 특징으로 갖고 있다. 그래서 원격 작업, 자율주행차, VR, 로봇 수술 등 수많은 일들을 할 수 있다. 초연결로 반경 1km 내에 100만 개

에 달하는 기기가 동시에 접속할 수도 있다. 그러나 지금 이것들을 할 수 있다는 게 아니다.

5G의 대표적 서비스로 드는 자율주행차와 다원방송을 보자. 5G 망의 초저지연 연결능력이 자율주행차에는 필수적이라고 하지만, 그게 몇 대가 돼야 5G망에 투자한 돈을 뽑을 수 있을까? 차 한 대당 얼마까지의 통신비를 운전자는 감당하려고 할까? 그 돈이 투자비를 회수할 만큼이 될까? 결정적으로! 아직 자율주행차가 없다.

다원방송도 마찬가지다. 농구 중계를 하는데 내가 좋아하는 선수만을 따라다니며 볼 수 있다고 하자. 그걸 하기 위해 방송사는 몇 대의 카메라와 인력을 더 투입해야 할까? 그 많은 채널을 동시에 내보내기 위해 투자해야 할 자원은 또 얼마인가? 방송사는 얼마의 광고비를 더 받아야 그 투자를 회수할 수 있을까? 무엇보다 그걸 몇 명이나 충분한 돈을 내고 보려고 할까?

공장과 농장의 수많은 IOT 센서들이 뿜어내는 데이터들을 실시간으로 받아들여 분석하는 엣지컴퓨팅에 5G가 필수적이라는 것도 마찬가지다. 데이터 이용료가 얼마가 되어야 그 많은 5G투자비를 뽑아낼 수 있을까? 결정적으로 그런 서비스를 필요로 하는 공장과 농장이 지금 우리 주위에 몇 군데나 되나?

5G망을 정부가 구축하는 게 대안이 될 수 있다. 통신 3사는 아직 LTE 설비의 감가상각도 채 덜 끝낸 상태다. 그것보다 몇 배나 더 촘촘히 구축해야 하는 5G망을, 3사가 제각기 전국 방방곡곡에

구축하자면 자원의 낭비가 너무 크다. 3사가 합동으로 망을 쓴다면 아마도 절반 이하의 투자비로 전국망을 구축할 수 있을 것이다. 정부가 국가기간망을 구축하고 3사가 이것을 빌려쓰게 하면 구축 시기도 크게 당기고, 자원의 낭비도 막을 수 있다. 통신사도 부담을 덜 수 있어 그만큼 통신비를 낮추는 데 도움이 될 것이다. 본격적인 네트워크 사회에서 통신권은 이제 거주 이전의 자유만큼이나 기본권이 됐다. 시민의 기본권으로서 통신을 제공하는 데도 5G망의 정부 설치는 효용이 있을 것이다.

재생에너지를 위한 송배전설비를 대폭 확충하자

신재생에너지는 대부분 마이크로 발전이다. 지역 곳곳에 중소형 발전 시설들이 전력을 생산하면 그것을 그리드망에 실어 필요한 곳으로 보낸다. 문제는 현재의 변전설비가 그런 마이크로 발전에 맞지 않다는 것이다. 지금까지 전기는 일방향으로 보내는 것이었기 때문이다. 태양광이든, 조력이든, 풍력이든 발전소를 만들어 전기를 생산하면 전기를 올려 보내야 하는데, 현재는 해당 지역의 변전소가 이미 포화 상태라 보낼 수 없는 경우가 허다하다. 이번 기회에 각 지역별로 설비를 대대적으로 확충하면 지역의 일자리 창출에도 도움이 될 뿐더러 재생에너지를 위한 귀중한 인프라를 확보할 수 있다. 이렇게 하면 태양광발전을 할 수 있는 곳이 크게 확대되어,

염전단지나 휴경지, 수도권의 아파트와 높은 건물의 옥상 등 다양한 곳에서 시도할 수 있다.

전기차 충전소를 확대하자

앞의 것과도 맞물리는데, 전기차 충전소를 대폭 확대하자. 수소차 충전소도 필요하다면 확대할 수 있을 것이다. 배터리, 디스플레이와 반도체, 전기모터, 전장품 등 전기차에 필요한 대부분의 영역에서 국내 업체들의 경쟁력은 세계 최고 수준이다. 현대기아차도 비록 조금 늦게 출발했지만 경쟁력 있게 잘 따라가고 있는 편이다. 국내 수요가 받쳐준다면 더 큰 활약을 기대해볼 만하다. 전기차를 위한 인프라를 일거에 확충하면 일자리 창출뿐 아니라 여러 부품에서의 기술 격차를 굳히는 데도 큰 도움이 될 것이다. 수소 충전시설을 늘리면 비교우위를 가진 것으로 평가 받는 수소상용차 개발도 당길 수 있다.

'소부장'을 활성화하자

일본의 금수정책에 대한 성공적인 대응에서 보듯이 우리 제조업의 경쟁력은 만만치 않다. 대기업이 제대로 협력 태세를 갖춘다면 우리 중소기업들이 일류 수준을 보여줄 수 있다는 것을 증명한 시간이었다. 삼성, 엘지, 에스케이, 현대 등이 독점납품계약 강요라든가, ERP 강제 연동을 통한 이익 탈취 등을 버리고 제대로 상생의 태세를 보여준다면 세계 최고 수준의 경쟁력을 갖춘 제조 생태계를 구축할 기회가 남아 있다.

엄격한 공정거래 기풍의 확립과 함께 소재/부품/장비 부문에 대한 투자를 대대적으로 늘린다면, 전 세계에서 드물게도 제조능력을 고스란히 보전하고 있는 우리 중소기업에게 코로나 위기는 새로운 도약의 기회가 될 수 있다.

일손이 많이 가는 일들

해변마다 버려진 폐어구들이 지천으로 쌓여 있다. 대부분이 플라스틱 계열이다. 이것을 모두 수집해서 재활용하자. 자동으로 할 일이 없으니 사람 손이 들어갈 것이고, 급할 것이 없으니 주변 어민들이 시간이 날 때 하면 된다. 잘 씻어서 가루로 만들면 충분히 재활용할 수 있다. 바닷가를 아름답게 하는 데도 좋고, 환경 보호에도 더할 나위가 없다.

동네마다 도서관을 짓자. 서적 구입예산도 크게 늘려 작가들과 출판사들을 도울 수 있다. 대부분 독서실로만 쓰이는 도서관을 다시 책을 빌려 읽는 곳으로 만들고, 동네 문화공간으로 쓰이게 하자.

동네 빈집들을 매입해 집을 헐어내고 작은 공원으로 만드는 것, 동해안의 철책을 없애는 것, 물이 새는 수도관을 교체하는 것도 좋은 일거리다. 제주의 경우 지하로 새는 수돗물이 전체의 54%나 된다고 한다. 누수를 줄이면 비용도 함께 준다.

여기서부터는 조금 더 과감한 제안을 하려고 한다.

서울에 제대로 된 임대주택을 대대적으로 건설하자

용산공원 일부를 젊은 세대들에게 할애해, 수십만 가구의 살만한 임대주택을 짓자. 오스트리아에서는 사회주택(공공 임대주택, 비영리 주체가 공급하는 주택)이 전체 가구의 23%나 된다. 비엔나는 무려 60%다. 이것이 비엔나를 세계에서 가장 '살기 좋은 도시'로 만들고 있다. 고층으로 지어 충분한 녹지를 확보하고, 전철, 마이크로버스, 트롤리, 공용자전거 등 주변의 대중교통을 대폭 확충해 승용차 없이 시내를 다닐 수 있게 만들자. 다음 세대를 위한 최고의 부동산정책이자, 복지정책, 출산정책이 될 것이다.

권역별 메가시티를 만들자

수도권에 맞서 부울경에 메가시티 플랫폼을 만들자는 제안은 충분히 경청할 가치가 있다. 인간의 지능은 어디에서 올까에 관해 여러 해석들이 있었다. 두뇌가 커야 한다, 뇌의 주름이 많아야 한다, 뇌세포가 많아야 한다, 다양한 설들이 있었지만 지금까지 가장 유력한 것은 '뉴런의 자유결합'이 활발한 사람이 지능이 높고 창의력이 뛰어나다는 것이다. 여러 뉴런들이 우발적으로 보일 만큼 자유롭게 연결이 되어야 한다는 것이다.

메가시티는 그 속에 사는 사람들 간에 바로 그런 우발적인 자유결합을 제공한다. 이것을 '인적 자원의 외부 효과'라고 부른다. 에드워드 글레이저 하버드대 교수는 그의 책 〈도시의 승리〉에서 메가시티와 관련한 몇 가지 숫자들을 소개한다.

대부분의 선입견과 달리 일반 교외 주택지의 환경발자국(탄소배출량)이 도심 아파트보다 많다. 뉴욕주의 1인당 에너지 소비량은 미국 전체에서 맨끝에서 두 번째다. 모여 사는 탓에 대중교통을 타거나 걸어다니는 비중이 높고, 집단주택이라 에너지 효율도 그만큼 좋기 때문이다. 모여 사는 편이 환경에도 더 좋다.

도시에 사는 사람이 더 행복하다고 느낀다. 인구의 절반 이상이 도시에 거주하는 국가들에서 국민의 30%는 자신이 매우 행복하다고 말하고, 17%만이 매우 또는 전혀 행복하지 않다고 답했다. 인구의 절반 이상이 시골에 거주하는 나라들에서는 국민의 25%가 매우 행복하다고 말하는 반면, 22%는 불행하다고 말한다. 어느 나라나 상관없이 생활의 만족도는 도시 인구 비중이 높을수록 함께 높아졌다.

결정적으로 실리콘밸리는 지리적 집중이 주는 혜택이 무엇인지를 보여주는, 세상에서 제일 유명한 사례다. 원격으로, 전자적으로, 재택으로 일을 처리할 수 있는 모든 능력을 갖추고 있는 기술혁신가들이, 단지 모여있기 위해 미국에서 가장 비싼 부동산 값을 기꺼이 치르고 있다.

수도권과 부울경의 둘 혹은 세종시와 대전, 전주를 묶는 세 개의 광역 메가시티를 건설하는 것이 사실은 가장 친환경적이고, 가장 창의적이고, 가장 효율적인 접근이 될 수 있다. 메가시티를 묶는 대중교통을 대대적으로 확충해 명실상부한 공동생활권으로 만들고, 메가시티를 전제로 광역공동체 구축을 위한 설계와 인프라에 투자하자. 인적 자원의 외부 효과도 높이고, 사람들이 더 행복해지며, 환경에도 그 편이 좋다.

도심을 바꾸자

주도심에는 승용차가 진입하지 못하게 하고, 인도를 넓히고 차도와 분리된 자전거 도로를 설치하자. 벨기에의 수도 브뤼셀은 도심에서 가장 통행량이 많았던 4차선 도로 안스파크 거리를 보행자 전용

구역으로 만들었다. 상인들의 반발이 엄청나게 거셌지만 결과는 매출이 30%나 올라갔다. 가게 앞 길에 테이블을 놓을 수 있게 되면서 가게의 운신도 더 자유로워졌다. 브뤼셀시는 지하에 대규모 자전거 주차장을 설치해 지하철과 자전거가 끊김 없이 연계될 수 있게 했다.

전철과 버스, 트롤리, 마이크로 버스, 공용자전거 등을 제대로 확충하는 한편으로, 승용차가 다니기 불편하게 만드는 게 옳다. 한 명 많아야 두 명이 승용차를 타고 기름을 낭비하는 일은 이제 구시대의 유물로 만들 때가 됐다. 이렇게 하면 다양한 토목공사를 일으킬 수 있고, 사람 중심의 친근한 도시를 만들 수 있다.

제3부

AI의

시대

과학기술정보통신부
장관께

취임을 축하드립니다. 취임 초라 많이 바쁘시지요. IT업계에서 오래 일한 직업인으로서 신임 장관께 몇 가지 기대하는 바를 말씀드리려 합니다. 한두 마디라도 들을 만한 것이 있기를 바랄 따름입니다.

소프트웨어 생태계

소프트웨어가 세상을 집어삼킨다고 합니다. 한국의 소프트웨어 생태계에 관해서도 여러 가지 이야기들이 나오고 있습니다. 그런 논의들에서 한 가지 짚을 것은 '소프트웨어의 미래'를 얘기할 때의 소프트웨어와, '소프트웨어 산업의 문제'를 얘기할 때의 소프트웨어

가 전혀 달라 보인다는 것입니다. 소프트웨어의 미래를 얘기할 때
는 누구나 인공지능이니 자율주행차, 클라우드 등을 얘기합니다.
그런데 소프트웨어의 문제를 얘기하라고 하면 갑자기 불합리한 발
주관행, 소프트웨어 개발자의 열악한 파견 근로, 소프트웨어 제값
주기를 지적합니다. 이건 좀 이상한 일입니다. 문제와 미래가 이렇
게 다를 수는 없기 때문입니다. 그 문제를 다 해결한다손 치더라도
앞에서 언급한 미래가 올 것 같진 않아 보인다는 것입니다.

이것은 우리가 '소프트웨어 생태계'에 관해 함께 공유하는 제대
로 된 정의를 갖고 있지 못하다는 것을 말해줍니다. 저는 장관께서
적어도 정부와 공공기관이 함께 쓸 수 있는 '소프트웨어 생태계'에
관한 정의를 먼저 만들어주시기를 부탁드립니다. 그것은 소프트웨
어 인력 육성을 포함하고 있어야 할 것이고, 사회와의 관계를 얘기
할 수 있어야 할 것입니다. 한국에 국한하지 않고, SI에 한정하지도
않으며, 글로벌 생태계, 오픈소스 커뮤니티와의 교류를 얘기할 수
있어야 할 것입니다. 중후 장대한 전통산업들이 디지털화하는 과정
에서 필요한 '융합', 그리고 전통산업의 도메인 전문가들이 소프트
웨어를 제대로 활용하는 경로를 포함하게 될 것입니다. 그때야 우
리는 소프트웨어 생태계의 당면 과제와 미래에 관해 제대로 논의
를 하고, 합의한 해결책에 자원을 쏟아 부을 수 있을 것입니다.

정의定義, definition가 필요합니다

사실 이런 문제 ― '왜'와 '무엇'이는 없는데 '어떻게'만 튀어나오는 ― 는 여러 곳에서 나타납니다. 예를 들어 스마트시티가 그렇습니다. 이곳저곳에서 나타나고 있는 스마트시티에 대한 설명은 대개 비슷합니다. "도시의 각 시설에 센서를 달아 놓고 행정·교통·복지·환경·방재 등과 관련된 데이터를 수집해 시민들에게 관련된 다양한 IT기반 서비스를 제공한다. 지능형 교통 시스템, 지능형 CCTV 모니터링, 원격민원 시스템 등…" 그런데 사실 방금 인용한 이 글은 스마트시티에 관한 것이 아닙니다. 몇 해 전에 유행했던 U시티를 설명한 것입니다. 지금 스마트시티 프로젝트 계획서의 상당 부분이 사실은 표지만 바꾼 U시티 계획입니다.

스마트시티에 대해서도 최소한 정부와 공공기관이 함께 쓸 수 있는 정의를 만들어주시면 좋겠습니다. 그 정의는 스마트시티란 무엇인가뿐 아니라, 왜 꼭 스마트시티를 해야 하는가, 그게 시민들에게 얼마만큼의 가치를 더해주는가를 포함해야 할 것입니다. 도대체 시티, 즉 생태계로서의 도시란 무엇인가에 대한 정의가 포함된다면 정말 좋을 것입니다. 우리가 두루 알듯이 기술을 위한 기술, 프로젝트를 위한 프로젝트는 언제나 나타날 수 있는데, U시티도 그런 사례로 흔히 꼽혀왔습니다.

사람 중심의 R&D와 신뢰자본

연구개발R&D 정책에 관해 몇 가지 말씀드리고 싶습니다. 범정부적인 주제라 실은 장관님의 업무 범위를 벗어나는 내용도 있을 것입니다. 이것에 대해서는 뒤에 다시 말씀을 드리겠습니다.

R&D 자금의 관리비용이 지나치게 높습니다. 정부의 R&D 예산은 20조 원을 넘어섰습니다. 이 돈이 19개 부처와 그 산하기관, 지방자치단체와 테크노파크 등 소속기관, 특허청과 지방조직들, 그리고 또 수백 개의 진흥기관들로 흘러갑니다. 이런 기관들을 유지하는 데 드는 비용이 엄청난데, 이런 유지비용들이 모두 R&D 예산에 포함됩니다.

이런 기관들이 더 만들어지지 않거나, 최소한 하나를 새로 만들기 위해서는 기존의 것 하나를 없애야 한다는 규칙이 세워지기를 바랍니다. 더 이상 새로 만들지 말고, 그때그때 기존 조직의 목적을 조정하고, 시대가 변해 이제는 용도를 다한 기관의 목적을 바꾸거나 다른 기관에 통합하고 새로운 역할을 부여하는 것으로도 충분히 소기의 목적을 달성할 수 있을 것입니다.

우리 사회에 신뢰자본이 너무 적은 것도 이런 관리비용의 상승을 부추깁니다. 프로야구 선수가 꾸준히 3할을 치면 연봉이 10억 원을 넘어갑니다. 열 번 나가서 세 번 안타를 치면 그렇다는 말입니다. 벤처캐피털은 10개 투자해서 하나가 성공하면 그럭저럭 먹고 삽니다. 그런데 우리나라 정책과제의 성공률은 거의 10할입니다.

과제가 실패하면 관련 공무원이 문책당하는 구조 탓에, 문서상으로는 하여간 성공을 한다는 것입니다. 불신기반의 관리를 하는 탓에 감시에 드는 자금과 시간도 지나치게 많습니다. 그래서 더욱, 호흡이 긴 장기투자와, 사람 중심의 R&D가 융성하기를 바랍니다.

과학기술 R&D와 ICT R&D는 성격이 다르다고 합니다. 과학기술은 기초원천기술에 집중하도록 하고, 구체적으로 PBSProject Based System를 만들지 말고, 팀과 연구소의 역량을 보고, 그쪽에서 연구주제를 상향식Bottom up으로 정하게 하면 어떨지요. 믿을 수 있는 팀과 연구소를 뽑은 다음에 그들이 긴 호흡으로 마음껏 연구를 할 수 있도록 믿고 지원해줄 수 있는 정책을 만들어주시기를 간절히 바랍니다. 열 개 중 한둘이 성공하더라도 그것이 한국의 미래에 큰 기여를 하게 될 것입니다. 10할은 역설적으로 정책과제 운영이 얼마나 잘못됐나를 방증해줄 뿐입니다. '지원하되 간섭하지 않는다'는 긴 호흡으로 믿고 맡기면 그만큼 관리비용도 줄어들고, 한두 개라도 제대로 된 큰 성공을 가져다 줄 것입니다. 우리가 신뢰자본에 기반을 둔 선진사회로 가기 위해서 반드시 거쳐야 할 과정입니다.

한편 ICT쪽에서 기초원천이라 하는 것은 과학 쪽에서 보면 응용기술에 가깝습니다. 운용하는 기조는 똑같으나, 잣대는 조금 달라야 합니다. 시간에 그만큼 더 민감하고, 연구 도중에 테마를 바꿀 수도 있게 해줘야 합니다. 예를 들어 인공지능과 관련하여 하나의 주제에 예산을 잡으려면 예타를 포함해서 2년이 걸립니다. 2023년도 예산에 포함하려면 2월에 중기재정계획을 기재부에 제출해야 하고, 5월에 부처 예산계획을 전달하고, 그 다음에 과제 기획하고 공모하고 하다 보면 2년이 지나갑니다. 그런데 IT쪽에선 이렇게 시간이 걸리면 막상 2년 뒤쯤에는 실효성이 사라지는 경우가 많습니다. 이미 낡은 주제가 될 가능성이 있다는 것입니다. 그러나 과제는 처음에 정한 대로 가야 합니다. 예산서에 그렇게 되어 있기 때문입니다. IT쪽은 테마를 정하고 바꾸는 데 재량권이 좀 더 있어야 합니다. 역시 믿을만한 사람과 팀을 택한 다음, 그들이 마음껏 연구개발을 할 수 있게 하는 쪽으로 방향을 정하는 게 현실적이고 실제 성과를 낼 수 있습니다.

정말로 드리고 싶은 말씀은 R&D의 패러다임을 프로젝트 중심에서 '사람 중심'으로 전환하자는 것입니다. 현재의 프로젝트 중심 체계에서는 심지어 ETRI와 같이 큰 연구소에서도 연구자들이 3~4년 단위로, 운이 나쁘면 1~2년 단위로 자신의 전공과 무관하게 연구주제를 바꿔야 합니다. 바깥에서 프로젝트를 따와서 연구소를 운영하고 월급을 받아야 하는데, 프로젝트 주제가 패션 유행처럼 바뀌기 때문입니다. 이런 체계에서는 수십 년간 한 분야를 천착해온 연구자가 있기는 몹시 어렵습니다.

프로젝트를 수행하는 데서, 연구자를 육성하는 것으로 R&D 정책을 바꾸면 설사 연구가 실패하고 새롭게 뜨는 주제가 있다 하더라도 각 분야의 연구자는 남게 됩니다. 이런 정책이 수십 년간 이어지면 우리는 각 분야에서 오랫동안 연구해온 전문가들을 갖게 될 것이고, 이들이 대한민국 과학기술의 저력이 될 것입니다.

청년과학자 육성

특별히 청년과학자를 제대로 육성하자고 말씀을 드립니다. 한국학중앙연구원의 '태학사' 제도는 진지하게 따라 할 가치가 있습니다. 안병욱 원장께서는 이렇게 설명합니다. "독일의 하빌리타치온 제도와 비슷하다. 박사 학위를 딴 젊은 연구자에게 5년 동안(10년까지 연장 가능) 매달 500만 원씩 장학금을 주고, 다른 어떤 것도 신경 쓰지 않고 하고 싶은 연구를 하도록 한 뒤 그 성과를 논문이나 저술로 내게 한다. 10명이 지원해서 그 가운데 1~2명이라도 성과를 낸다면 성공적이라고 본다. 연구비를 따와야 하는 등 여러 가지 요구에 시달리는 기성 연구자들을 위해선, 5년 동안 매년 조건 없이 3천만원을 지원하는 프로그램도 만들고 있다. 그래서 몇 사람이라도 뛰어난 학자가 나올 수 있다면, 그들이 학계를 이끌어갈 수 있다."

예를 들어 저의 제안은 다음과 같습니다. 최소한 해마다 1천 명의 박사 학위 취득자, 즉 박사 후 연구원을 위한 연구지원 사업을 집행합니다. 국내 박사 학위 취득자 800명, 해외 박사 학위 취득자 200명을 선발해 1억~1.5억 원을 3+2년, 최대 5년까지 지원해 하고 싶은 연구를 마음껏 할 수 있도록 지원합니다. 5천만 원은 연구자가 조건 없이 쓰고, 나머지 5천만 원은 지원자가 자유로이 가고 싶은 연구기관을 정해 그곳의 간접비로 쓸 수 있게 합니다. 우리나라 젊은 과학자들뿐 아니라 해외의 젊은 석학들도 데려옵니다. 500명 정도의 외국인 박사 후 연구원들에게도 같은 조건으로 문호를 개방합니다. 당대의 가장 앞선 과학기술을 연구하고 있는 전 세계의 젊은 박사 후 연구원들이 머리를 맞대고 함께 자유롭게 연구를 한다면, 새로운 융합의 가치들이 봄꽃 터지듯 피어날 것입니다.

알다시피 구글과 페이스북, 아마존, 테슬라는 전 세계에서 최고의 인재들을 빨아들이고 있습니다. 우리도 이렇게 함으로써 진정한 글로벌화를 이룰 수 있습니다. 세계 최고의 MIT 미디어랩이 1년에 500억 정도를 씁니다. 캐나다가 십 년이 넘도록 '인공지능의 겨울'을 지날 때 투자한 총액이 1천억 원 규모입니다. R&D 예산은 제대로만 쓴다면 적은 규모로 큰 효과를 거둘 수 있습니다. 긴 안목으로 젊은 인재를 육성해, 이들로 하여금 대한민국의 미래를 밝힐 수 있게 해봅시다!

데이터, 축적만큼 활용

데이터경제가 큰 주제가 되고 있습니다.

데이터의 경우 주로 축적에 포커스가 집중되어 있는데, 활용면을 처음부터 함께 고려하지 않으면 자칫 쓸데없는 데이터 무더기만

쌓게 되는 결과를 낳을 수 있습니다. 정책 집행의 2년 주기가 여기서도 이슈가 될 수 있는데, 2년 전에는 꼭 필요한 데이터라 해서 기획을 했는데, 막상 예산을 집행하려고 보니 이미 필요가 없어져 있더라는 일이 생길 수 있습니다. 그래서 더욱, 실제로 활용할 수요자의 의견이 반드시 사전에 반영이 되는 구조를 만들어야 합니다. 담당자가 "이거 필요할거야"라고 책상 앞에서 정하기 전에, 반드시 실제로 쓸 사람들을 만나서 물어보아야 한다는 것입니다. 의외로 이렇게 하는 경우가 많지 않습니다.

정부가 앞장서서 'Data Driven Policy'의 모범을 보여주시면 어떨는지요. 예를 들어 해마다 각 지자체/공공기관 등을 대상으로 '데이터 기반 정책집행 우수사례' 경진대회를 열면 좋겠습니다. 데이터 기반 정책 제안을 함께 심사해 우수한 기획에 대해서는 실행예산을 전폭 지원하며, 베스트 프랙티스를 정부 전 기관에 공유해 포괄적용하게 되면, 성과가 날 뿐더러 데이터를 바탕으로 정책을 결정하는 관습이 전 사회로 확산하는 계기로 삼을 수 있을 것입니다.

블록체인과 3D프린터

긴 글을 읽어주셔서 고맙습니다. 이제 두 가지만 말씀을 더 드리고 끝을 맺고자 합니다.

얼마 전에 10만 TPS$^{Transactions\ Per\ Second}$의 퍼포먼스를 내는 블록체인 프로젝트에 500억 원을 투입하겠다는 정부 발표를 보았습니다. 제가 생각할 때 이 정책은 두 가지 점에서 잘못된 진단을 하고 있습니다.

하나는 블록체인업계에 개발비가 모자란다는 것이고, 다른 하나는 블록체인 기술이 아직 모자라니 얼른 개발해서 10만 TPS를 낼 수 있도록 기술을 업그레이드해야 한다는 것입니다.

아시는 것처럼 최근 몇 년간 블록체인업계에는 광풍이라고 불러도 전혀 어색하지 않을 만큼 많은 돈이 몰렸습니다. 지금도 신생기술 중에서 블록체인만큼 많은 돈이 모여 있는 곳을 찾기가 어렵습니다. 다시 말해 블록체인업계의 문제는 적은 돈이 아닙니다. 오히려 지나치게 많은 돈이 문제라고 할까요. 그 많은 돈으로도 개발을 못했다면 그건 돈 문제는 아닐 것입니다.

두 번째로 10만 TPS를 못 내는 것은 기술 문제가 아니라 철학의 문제입니다. 블록체인은 애초에 완전한 분산을 위해 그런 속도를 내지 않기로 한 것입니다. 분산시스템은 일관성^{Consistency}, 가용성^{Availability}, 분할용인$^{Partition\ tolerance}$, 셋 중 오직 둘만 택할 수 있다는 'CAP Theorem'처럼, 제 생각에는 블록체인도 다음의 셋 중 둘만 택할 수 있습니다. 그것은 보안과 속도 그리고 스케일입니다. 블록체인의 본성이 그렇기 때문입니다.

지금 한국의 블록체인에게 필요한 것은 돈도, 기술도 아닙니다. 블록체인은 다음 질문에 대한 답을 간절히 찾고 있습니다.

"기존의 질서를 깨트리거나 심하게 변형할 것을 요구하는 새로운 기술이 나타났을 때 사회는 어떻게 그 기술과 화해를 할 수 있느냐. 법적, 제도적, 사회문화적 해답은 어디에 있고, 그 해답을 찾는 사회적 논의구조는 어떻게 마련되어야 하느냐. 기존의 이해관계가 부를 불가피한 저항은 어떻게 해소해나갈 수 있느냐."

500억을 투입해 TPS를 올리는 대신에, 이런 질문에 대한 답을 찾는 것이 정부가 해야 할 진짜 일이 될 것입니다. 10만 TPS가 진짜 필요하면 그건 기업들이 알아서 잘 할 것입니다. 거기 돈 많습니다.

3D프린터는 '신문 보고 기획하기'의 대표적 사례라고 저는 받아들입니다. 예를 들어 전체 3D프린팅 시장은 2018년에도 성장세를 유지했는데, 이는 그해 정부, 공공기관의 3D프린팅 관련 장비 구입 및 관련 사업 지출이 무려 80% 가량 증가했기 때문입니다. 전세계에서 가장 큰 3D프린터 구매자가 대한민국 정부라는 우스개가 있을 정도입니다. 말하자면 3D프린터는 프로야구로 치면 '32살 먹은 유망주'입니다. 4차산업혁명의 총아로 스포트라이트를 받고 등장했지만 아직 전 세계 어디에도 제대로 된 상용사례가 없습니다. 늘 인용되는 아디다스의 신발공장도 사실은 로봇을 이용한 공정자동화 사례지, 3D프린터 사례는 아닙니다. 아주 일부에서 조금 쓰이고는 있지요.

그럼에도 한국 정부와 지자체가 너나없이 3D프린터를 사들이는 이유는 '전시하고 혁신센터를 채우기에 아주 좋기 때문'이 아닐까

싶습니다. 이런 전시행정식 기획은 사라져야 합니다. 아래로부터, 즉 Bottom up으로 연구자들이, 실수요자들이 정말 하고 싶은 것을 하게 해주면 이런 일이 크게 줄어들 것이라고 생각합니다.

문재인 대통령께

뜬금없이 말미에 문 대통령님을 호출하게 되어 송구합니다. 하지만 이 말씀을 꼭 드리고 싶습니다. 디지털 트랜스포메이션은 전 지구적으로 진행되고 있고, 이 흐름은 돌이킬 수 없습니다. 조선업은 스마트조선이 되어야 하고, 자동차는 전면 자율주행차가 되어야 합니다. 작은 선반 하나에도 온갖 센서가 붙어서 빅데이터로 작동을 조율해야 합니다. 농업에도 엄청난 센서와 빅데이터, 인공지능이 필수적입니다.

　문제는 기존 산업들은 디지털을 잘 모를 뿐더러 배우는 데도 오랜 시간이 필요하다는 것입니다. 사회 전체의 변화를 디지털 네이티브의 관점으로 조율해주는 CIO가 어느 때보다 필요하고, 그 사람은 전 부처를 넘나들며 도움을 주고 조율을 할 수 있어야 합니다. 현재 대한민국 정부에는 CTO도 CIO도 없습니다. 그런 자리가 실제로 생길 때까지 최 장관을 부디 대한민국의 CIO, CTO로 활용해 주십시오. 기재부가 R&D 예산을 짤 때 전체적인 규모와 방향 정도를 정하고, 구체적인 내용은 디지털을 가장 잘 아는 최 장관이 정할 수 있도록 해주십시오. '신문에 그거 나왔던데' 기획이 더 이상 주요한 정책을 정하는 기준이 되지 않게 해주십시오. 산업부와 중기부의 정책도 이제는 태반이 디지털과 연관이 됩니다. 함께 제대로 된 협업을 할 수 있도록 지원해주시기를 간절히 바랍니다.

긴 글을 마칩니다. 읽어주셔서 고맙습니다.

박태웅 한빛미디어 이사회 의장

In the
age of AI

2019년 미국 PBS 방송에서 〈In the age of AI〉라는 프로그램을
방영했다. 최근 몇 년간 본 다큐를 통틀어 손에 꼽을 수작이었다.
이 글의 앞부분은 말하자면 그 프로그램에 바치는 감상문이다.

〈In the age of AI〉는 유튜브에서 볼 수 있다.[•]

●   https://www.youtube.com/watch?v=tyGEejOBdFc

혁명의 시작, Beyond our body

지금까지 인류사에는 근본적으로 두 번의 산업혁명이 있었다. 첫 번째는 모두가 아는, 영국에서 시작한 그것이다. 첫 번째 산업혁명의 본질은 사람의 몸, Body를 넘어서고 대체하는 것이었다. 증기 동력은 수십 배로 시작해, 곧 수백 배, 수천 배의 지수함수를 그리며 인간의 몸의 한계를 넘어섰다.

이 시기는 한편으로 신질서가 구질서를 압살하는 시기이기도 했다. 인간의 몸을 수십 배, 수백 배로 확장한 기계는 그만큼의 속도로 사람들의 육체를 경계의 바깥으로 몰아냈다. 양들이 사람을 잡아먹었고, 스모그가 도시와 그 안에 사는 생물들의 호흡기를 틀어막았다.

〈미성년 아동 노동에 관한 영국 의회 조사 보고서(1830)〉

문 : 공장이 바쁠 때 이 소녀들은 몇 시에 출근하는가?

답 : 바쁜 시기는 약 6주간인데, 새벽 3시에 나가 밤 10시에 돌아온다.

문 : 19시간의 노동 중 휴식 시간은 얼마나 되는가?

답 : 아침 식사에 15분, 점심에 30분, 차 마시는 데 15분이다.

(중략)

문 : 사고를 당한 일이 있는가?

답 : 큰 딸이 손가락을 다쳐서 5주간 치료했다.

문 : 그 동안 임금은 받았는가?

답 : 사고가 나자마자 임금은 전액 지불이 정지되었다.[*]

런던에서는 만여 명이 스모그로 숨졌다. 1952년 12월 5일, 우연히 런던 일대가 안정된 고기압권 내에 들어갔다. 대류 순환이 멈추고 짙은 안개가 끼었다. 날은 추웠고, 집집마다 피운 난로에서 연기가 피어 올랐다. 여기에 차량, 발전소, 공장 등에서 나온 오염 물질이 런던에 낀 안개와 합세해 pH2에 달하는 강산성의 스모그를 만들었다. 특히 공장과 항만이 밀집해 있던 런던 동부는 30cm 앞도 분간하기 힘들 정도로 스모그가 짙었다. 1만여 명에 달하는 사람들이 폐렴과 호흡기 질환, 심장 질환 등으로 사망했다.[**]

산업혁명은 역사상 본 적이 없을 정도로 인류의 생산성을 높여 놓았지만, 초기의 90년간 그러니까 거의 한 세기 동안 평균적인 서민의 생활수준은 나락으로 떨어진 채 결코 회복되지 못했다.

* http://www.hani.co.kr/arti/society/schooling/357886.html

** https://namu.wiki/w/1952년%20런던%20그레이트스모그?from=런던%20스모그

단지 생산현장에서만 그랬던 게 아니다. 인류는 신체의 한계를 넘어 급격히 확대된 힘을 어떻게 통제할지 알지 못했다. 이 가공할 힘으로 양차 대전 사이 수백만 명을 죽인 인류는, 결국 히로시마와 나가사끼에 '리틀 보이'와 '팻맨'을 떨어뜨려 수십만 명을 더 죽인 다음에야 상호확증파괴**MAD** mutually assured destruction라는 죽음의 교리를 받아 들였다. 지금도 곳곳에서 나타나는 총기 난사와 테러, 국지전들은, 인류가 여전히 이 힘을 그저 미봉하고 있을 뿐이란 걸 알려준다.

두 번째 혁명, Beyond our mind

우리는 지금 두 번째 산업혁명을 목격하고 있다. 1차산업혁명이 몸, 즉 Body의 한계를 뛰어넘는 혁명이었다면, 이번은 인간의 지능 혹은 정신, 즉 Mind의 한계를 뛰어넘는 혁명이다. 그저 우리가 활용할 수 있는 뛰어난 기술이 하나 더 나타난 것이 아니라는 뜻이다.

1차산업혁명기 때 그랬듯이 인류는 또 한 번 오랜 기간 변경의 바깥으로 내몰릴지도 모른다. 인간의 정신, 다시 말해 인간 자체가 대체되고 있기 때문이다. '노동 유연성'이라는 단어는 이런 변화 속에서 녹아 사라지는 인간의 역할에 대한 은유다.

이번 혁명이 두려운 또 한 가지 이유는, 인간의 지각이 미처 알지도 못한 사이에 조작 당할 수 있게 되었다는 것이다. 육체에 이어

정신이 대상이 되고 있기 때문이다.

1. 페이스북 감정조작 실험 : 페이스북 코어데이터과학팀 소속 연구원 아담 크레이머는 캘리포니아대와 코넬대 소속 연구원 등 2명과 함께 2012년 1월 사회관계망서비스SNS에서 감정 전이 현상이 일어나는지를 실험했다. 실험군과 비교군으로 나누고 실험군 68만9,003명의 뉴스피드를 조작하자 감정 전이 현상이 나타났다. 긍정적인 게시물이 줄어들면 사용자는 긍정적인 표현을 줄이고, 부정적인 게시물을 더 많이 올렸다. 반대로 뉴스피드에 나타나는 부정적인 게시물이 줄어들면 사용자는 긍정적인 게시물을 더 많이 올렸다. 단지 뉴스피드만 봐도 페이스북 사용자가 감정에 영향을 받았다는 뜻이다.*

즉, 페이스북은 사용자들에게 보여줄 피드를 조종하는 것으로 사람들의 감정을 조작할 수 있었다.

2. 케임브리지 애널리티카 : 케임브리지 애널리티카 임원은 '우리가 트럼프를 대통령으로 만들었다'고 자랑했다. "그게 바로 우리가 선거를 이긴 방법이다." 영국 데이터분석업체 '케임브리지 애널리티카Cambridge Analytica; CA'의 임원들이 도널드 트럼프 미국 대통

---

* http://www.bloter.net/archives/197727

령의 대선 승리에 대한 당시 자신들의 역할을 자랑하듯 털어놓은 장면이 잠입취재 카메라에 고스란히 담겼다. 닉스는 "우리는 그저 정보를 인터넷의 혈류bloodstream에 던져놓은 다음, 커져가는 것을 보고 이것이 유지되도록 이따금 한 번씩 찔러준다.(…) 이게 온라인 커뮤니티에 침투하게 되지만 브랜드가 없기 때문에 출처도 모호하고 추적할 수도 없다."

이들은 증거를 남기지 않는 '자폭 이메일 시스템'을 소개하기도 했다. "우리가 이것을 가지고 있다는 걸 아무도 모른다." 닉스의 설명이다.

2014년 케임브리지 애널리티카는 케임브리지 대학교 심리학 교수인 알렉산더 코건 교수에게 심리 퀴즈게임 앱〈This is your digital life〉개발을 의뢰한다. 이 앱은 페이스북 이용자의 데이터를 이용해서 '당신의 전생은 무엇이었다', '신은 당신을 무엇, 무엇으로 만들었다', '당신에게 가격표를 붙인다면?' 등의 서비스를 제공하는 앱들과 유사하다. 다시 말해 페이스북 이용자라면 한 번쯤 이용했을 법한 앱과 유사하다.

코건 교수의 심리 퀴즈게임 앱은 페이스북 오픈 그래프 API를 이용해서 앱 이용자 27만 명의 '동의'를 얻어 이들의 페이스북 정보를 얻을 수 있었다. 2014년 당시 페이스북은 오픈 그래프를 통해 해당 이용자의 정보만 제공하는 것이 아니라 그들의 친구 정보에 대한 접근권도 함께 제공했다. 자연스럽게 코건 교수팀은 27만 명뿐 아니라 이들의 페이스북 친구인 약 5천만 명에 이르는 이용자 정보를 페이스북으로부터 가져왔다. 여기서 이용자 정보라고 함은 특정 기간에 5천만 명 이용자가 어떤 포스트를 올렸고, 어떤 포스트에 '좋아요'를 표현했는지 등에 대한 정보를 포함한다. 그뿐만 아니라 5천만 명 이용자들이 쓴 댓글, 공유한 포스트, 위치 정보 등도 포함한다. 업계에서는 이를 페이스북 오픈 그래프의 루프홀(loophole; 빠져나갈 구멍, 세칭 '개구멍', 법과 계약의 허술한 구멍)을 이용한다고 칭한다.*

케임브리지 애널리티카는 쉬운 퀴즈게임을 페이스북에 올려 무려 5천만 명에 달하는 사용자의 정보를 얻어낸 다음, 이것을 선거 캠페인에 이용했다. 이들이 얻어낸 것은 단지 개인의 신상뿐 아니라 취향과 정치적 성향까지를 포함해 AI로 분석해낸 모든 데이터들이었다. 이들은 이 정보로, 전체 득표수에서는 뒤진 트럼프가 미국 대통령이 되게 만들었다.

알고리듬은 우리가 알지 못한 사이에 사방으로 스며들고 있다. 페이스북의 광고는 내가 말을 하지 않아도 내가 관심이 있을 법한 그 상품을 광고로 올린다. 나의 감정은 조금 전에 본 친구의 피드를 따라 출렁이고, 유튜브는 내가 즐겨 찾는 동영상과 비슷한 내용들을 끊임없이 보여준다. 나는 나 자신의 끊임없는 반복이다. 내 말과

• https://www.huffingtonpost.kr/entry/story_kr_5ab1a13ae4b008c9e5f26d02

생각이 에코챔버 속에서 끝없는 메아리로 울린다.

무엇을 해야 하나

두 번째가 첫 번째 산업혁명기와 같다면 우리는 어쩌면 또 한 번의
대 학살기를 앞두고 있다. 앞으로 몇십 년간 일자리는 눈 녹듯이 사
라질 것이다. 단지 몸이 역할을 잃을 뿐 아니라, 정신 즉 인간 자체
가 필요 없어진다. 1차산업혁명의 피해자가 주로 육체노동자였다
면 2차는 육체와 정신을 가리지 않는다.

"지난 2000년 투자은행 골드만삭스는 주요 고객의 주식거
래를 위해 600명의 트레이더를 고용했다. 그런데 17년이 지난
2017년에는 같은 일을 하는 직원이 불과 2명이다. 분당 수백만
건의 거래를 처리하는 자동거래시스템이 대신했기 때문이다. AI
가 고졸자보다 대졸자에게 더 큰 위협으로 다가올 것이라는 연
구결과가 나왔다. 미국 싱크탱크 브루킹스연구소는 AI가 고졸 이
하 인력보다 대졸자를 5배가량 대체하게 될 것이라는 연구결과
를 내놓았다. 보고서는 AI 기술이 갈수록 더 정교해지고 더 많은
산업 분야에 적용되면서 대학교육을 받은 더 많은 근로자들이
위협받고 있다고 지적했다. 특히 일부 예외는 있겠지만 "교육을
더 잘 받고 임금을 더 많이 받아온 근로자들"이 새로운 AI기술의

영향을 가장 많이 받게 될 것이라는 분석이다."•

Social Twin을 만들자

빅데이터와 AI를 공장 자동화에 적용해 '디지털 트윈'이라는 개념
이 나타났다. 실제 공장과 똑같은 모델을 디지털로 만들어 현실에
서 발생할 수 있는 일들을 미리 시뮬레이션하는 것이다. 아주 적은
자원으로 온갖 실험을 해보고 미리 대처를 할 수가 있다는 게 디지
털 트윈의 매력이다.

그와 마찬가지로 '소셜 트윈'을 만들어야 한다. 어느 때보다 안전
장치가 있는Fail Safe 변화수용체계를 만들어야 한다. 인간의 정신을
대체하는 AI가 불러올 사회의 근본적인 변화에 대응하는 법적, 사
회적, 문화적, 제도적 시뮬레이션이 절실하다. IT뿐 아니라, 법학,
사회학, 정치학, 인류학 등 범학제적인 공동 대응이 필수적이다.

1차산업혁명기가 불러온 변화와 달리 알고리듬이 가져올 그것은
사회의 전 영역에 걸쳐 스며들지만, 그럼에도 우리 눈에 보이지 않
는다는 점에서 더욱 두렵다.

• https://www.yna.co.kr/view/AKR20191121084900009? =IwAR1-
Mgvl5BxYMsUGV-M-QH4licFY0e_OWrEN7z0fO4p4zmS19-PJyrxqSis

두 가지 사례를 보자.

얼마 전 애플의 신용카드 발급을 위한 신용등급평가시스템이 동일한 조건의 남성에 비해 여성에게 더 낮은 신용한도를 부여하고 있다는 것이 드러났다. 이 소식은 소셜미디어를 통해 금세 퍼져나갔고, 미 금융당국도 조사에 착수했다. 이 사건은 2가지 점에서 큰 주목을 받았다. 첫 번째, 애플이 사용한 금융 데이터에는 처음부터 고객이 남성인지 여성인지는 들어 있지 않았다. 그러니까 고객이 남자인지, 여자인지를 인공지능은 애초에 알 수가 없었다는 것이다. 두 번째, 애플 스스로도 왜 자신들의 알고리듬이 이런 편향된 결과를 불렀는지를 설명하지 못했다. 그저 인공지능이 저지른 일이었던 것이다. 애플과, 카드발급을 맡은 골드만삭스는 과거의 데이터 자체가 편향되었을 가능성이 있다고 짐작했다.[•]

지난해 아마존은 몇 년간 개발해서 채용에 적용해오던 인공지능 툴을 폐기했다. 최근 10년간의 채용 데이터를 근거로 수많은 채용 후보자 중에서 적합한 사람을 가려내는 툴이었는데, 그 결과가 남성 편향적이었다는 게 드러난 것이다. 지난 10년간 남자직원이 훨씬 많았는데, 인공지능은 이것을 주요한 입력요소로 판단한 것이

• https://www.wired.com/story/the-apple-card-didnt-see-genderand-thats-the-problem/?=IwAR2ndr5cvmmu9pSoAIy3Qgw2y7-MEfl0gdfthiAOQGMu27_lvq5HskJ2tdY

다. 아마존은 이 편향을 제거할 적절한 방법이 없다고 판단해 결국 툴을 개발해온 팀 자체를 해체했다.[•]

테크프론티어의 한상기 박사는 "탈락자에게 왜 탈락 대상이 되었는지를 투명하게 설명할 수 없다면, 그 알고리듬을 사용해서는 안 된다"라고 말한다. "이미 편향된 데이터를 응용한 AI에서 공정성을 기대할 수는 없다"는 것이다. 한 박사는 '설명할 수 있는 AI^{XAI} Explainable AI가 AI 연구의 주요한 흐름 중 하나라고 설명한다.

유럽연합은 이미 알고리듬에 의해 자동으로 결정된 사안에 대해서는 회사에서 설명을 제공하도록 강제하고 있다. 미국에서도 회사가 내린 신용카드 발급, 주택담보대출 등의 주요 금융 결정에 대해서 이유를 제시하도록 법적으로 강제하고 있다. 이런 일을 하기 위해서도 ICT, 심리, 언어 분야 등의 학제 간 연구가 불가피하다. 다시 말해 학제 간 공동연구를 위한 **Social Twin**이 불가결하다.

전 사회적으로 AI 리터러시, 디지털 리터러시 교육이 필요하다. KBS와 같은 공영방송이 큰 역할을 할 수 있다. AI와 디지털 트랜스포메이션에 관한 다큐멘터리를 찍고, 교양 프로그램을 만들고,

• https://www.reuters.com/article/us-amazon-com-jobs-automation-insight-idUSKCN1MK08G?=IwAR16Utj0AdTB59UwryZIzq KmvgNu5Q_7UwZJ-u_ltA999T9w5oBXb6UfmuQ

공론을 만들 토론의 장을 열어줘야 한다.

로봇세와 사회적 안전판

우리가 자각해야 할 것은, 지금부터 수십 년간 그간의 평화시기와는 비교할 수 없는 희생자들이 나타날지도 모른다는 것이다. 대 격변기에 맞는 사회적 안전판을 준비해야 한다. 빌 게이츠는 '로봇세' 도입을 주장한다. 로봇세를 도입함으로써 '자동화의 확산을 늦추고' 사회가 준비할 시간을 벌어줄 수가 있다는 것이다. 그는 "로봇이 사람들의 일자리를 차지한다면 그들도 세금을 내야 한다"고 말한다.

두 번째 혁명기의 충격은 육체노동과 정신노동을 가리지 않는다. 그만큼 전방위적이고 그만큼 심대하다. 고졸 이하보다 대졸자가 5배나 더 많이 일자리를 잃게 될 것이란 예측도 있다. 평화롭던 시기의 복지정책이나 사회정책으로는 이런 전쟁기의 희생자들을 감당치 못할 것이다. 전쟁기에 필요한 것은 신속히, 그리고 곳곳에 배치될 수 있는 야전병원들이다.

AI는 언젠가 인류의 생활수준을 한 단계 더 높은 곳으로 인도할지도 모른다. 그러나 1차산업혁명기 생산성의 폭발적 상승이 인류에게 더 나은 생활을 보장해주기까지는 90년이 걸렸다. 자신의 생애가 그 90년에 속해 있었던 사람들에게 그 뒤의 보다 나은 생활이 무슨 위로가 되겠는가. 케인즈는 '장기적인 균형'이라는 언술의 허무함을 이렇게 설명했다. "장기적으로는 우리 모두 죽는다."

AI 인재와 산업 적용

한국의 경제는 AI에 어떻게 적응할 수 있을까? AI는 산업 전체에 적용하는 범용기술이다. 말 그대로 전체 산업에 적용할 방안을 찾기 위해서는 무엇보다도 MECE한 산업지도가 필요하다.

MECE(Mutually Exclusive Collectively Exhaustive의 약자, 상호배제와 전체포괄)는 항목들이 상호 배타적이면서 모였을 때는 완전히 전체를 이루는 것을 의미한다. 이를테면 '겹치지 않으면서 빠짐없이 나눈 것'이라 할 수 있다.

한국은 중간재와 자본재를 제조해서 수출하는 것으로 먹고사는 나라다. 이런 기존산업의 도메인 전문가들이 AI를 활용할 수 있도록 도와야 한다. 각 산업별 AI 결합 Best Practice를 구해서 공유할 수 있는 시스템을 갖춰야 한다. **'AI 개발은 늦었지만, AI 적용은 앞서 가자!'**가 모토가 될 수 있을 것이다.

AI 인재의 3계층이 있다. 그것은 신, 신탁을 듣는 사람, 그리고 도구를 쓰는 사람이다. 계층별로 다른 접근이 필요하다.

딥마인드를 만든 하사비스와 같은 사람이 신계의 인재다. 그리고 이들이 만든 알고리듬을 이해하고 텐서플로를 다 풀어서 해석할 수 있는, 말하자면 신탁을 듣는 사람이 있다. 이런 두 종류의 인재는 우리가 키우는 게 아니라, 탄생할 토양을 만들어줘야 한다. 포닥, 즉 박사 후 과정을 중심으로 다년간의 Grant를 제공해 마음껏 연구를 할 수 있게 하자. 온갖 꼬리표와 행정절차가 붙은 정책과제는, 확률도 낮을 뿐더러 이미 시대에 뒤쳐진 주제를 과제로 삼게 될 확률이 높다. 5년 정도 기간을 정하고, 해마다 1억 원 정도를 지원해서 하고 싶은 연구를 마음껏 할 수 있게 해주자. 5천만 원은 연구원이 선택한 연구기관에서 운영비로 쓸 수 있게 하고, 5천만 원은 연구원이 생활비든 뭐든 제한 없이 쓸 수 있게 하는 것이다. 3년 뒤쯤 중간평가를 하고 5년 뒤에 최종평가를 해서 성과가 있으면 지원을 더 연장할 수도 있을 것이다. 이렇게 하면 가장 최신이론에 가까이 있고 열정도 샘솟을 박사 후 과정 인재의 능력을 최대로 끌어올릴 수 있을 뿐 아니라, 과제 관리에 들어가는 수많은 비용과 시간도 한번에 사라질 수 있다. 국내에 와서 연구를 한다면 외국인에게도 문호를 넓힐 수 있을 것이다.

이런 접근은 지나치게 호흡이 길어 보이지만, 장담컨대 3년 안에 분명한 성과를 목격하게 될 것이다.

세 번째, 툴을 쓰는 사람은 우리가 충분히 키울 수 있다. 툴이 충분히 좋아졌다. 아마존과 MS, 구글 클라우드에도 인공지능 API들이, 활용만 하면 되는 수준으로 다 공개되어 있다. 각 산업부문의 도메인 전문가들이 AI와 관련된 툴을 자유자재로 쓸 수 있게 하는 게 대단히 중요한 시기다. 위에서 말했듯이 AI 개발은 늦었지만, AI 적용은 앞서 가자!가 모토가 되어야 한다. MECE한 산업지도를 만들고, 각 분야의 인재들이 AI 활용법을 익혀 모범 사례Best Practice 를 만들게 하고, 이런 성공사례를 실시간으로 공유함으로써, AI 활용에서 앞서나갈 수 있는 기회가 아직은 열려 있다.

주의할 것은 AI Transformation과 Digital Transformation 이 별개이거나 심지어 경합하는 것처럼 대하는 것이다. 이 둘은 함께 진행이 되어야 한다. 디지털이 안되어 있는 곳은 디지털 전환작업에 자원을 쏟아야 한다. AI와 디지털을 함께 할 곳도 있을 것이고, AI에 보다 집중해야 할 곳도 있을 것이다. 무슨 유행처럼 '이제는 디지털에서 AI로 주제를 바꿔야지'라고 해서는 게도 구럭도 잃는 결과만 낳기가 십상이다. 정부의 정책도, 이 둘이 다르지 않으며 동시에 진행이 되어야 한다는 것을 이해한 기반 위에 수립이 되고 집행이 되기를 바란다.

AI와 알고리듬^{Algorithm}의 작동 원리

AI와 알고리듬^{Algorithm}의
작동 원리

− 믿을 수 있는 인공지능을 향해

대용량 분산처리와 숨겨진 패턴

인공지능, 즉 AI^{Artificial Intelligence}를 이해하기 위해 꼭 알아야 할 두 개의 개념이 있다. '대용량 분산처리'와 '숨겨진 패턴'.

컴퓨터가 읽는 데 1초쯤 걸리는 아주 큰 파일이 있다고 하자. 하드웨어의 발전 없이도 이 파일을 읽는 속도를 획기적으로 높이는 방법이 있다. 이 파일을 백 개의 조각으로 잘라서 백 개의 하드디스크에 분산 저장하는 것이다. 이제 이 파일을 불러올리면 각각의 하드디스크가 읽는 속도는 1/100로 줄어든다. 말하자면 한 명이 하던 일을 백 명이 나눠서 하는 것이다. 불러올린 백 조각을 하나로 꿰매는 데 드는 시간을 감안하더라도 파일을 읽는 속도는 비할 수 없이 빨라진다.

GPUGraphic Process Unit는 컴퓨터 그래픽을 처리하는 장치다. 컴퓨터에서 보여주는 그림들은 흔히 '픽셀'이라고 불리는 점이 최소단위다. 정밀한 동영상들은 초당 픽셀을 최소 1억 번 이상 그려내야 한다. 이런 픽셀을 그리기 위한 '반복 계산'에 특화된 장치가 GPU다.

엔비디아라는 회사의 GPU V100은 5,120개의 CUDA Core와 640개의 Tensor Core, 합해서 5,760개의 코어를 가지고 있다. '코어'란 하나의 독립된 GPU라고 말할 수 있다. 그러니까 5,760개의 GPU를 병렬로 묶었다는 뜻이다. 역시 분산처리다. V100은 125테라플롭스TFLOPS 연산을 한다.

1테라플롭스는 1초에 1조 번 실수를 더하고 곱한다는 뜻이니 V100은 1초에 125조 번 실수 계산을 한다. 이런 GPU를 100대, 1,000대 병렬로 연결해 계산을 하는 게 현대의 AI다.

이제 숨겨진 패턴에 관해 알아보자. 현대의 인공지능을 한 문장으로 얘기를 하면, 숨겨진 패턴을 찾아 분류하거나 예측하는 일을 한다. 예를 들어 고양이를 인식한다고 해보자. 예전의 AI는 '전문가 시스템'이라고 해서 사람이 고양이의 특징을 다 입력했다. 귀가 어떻게 생겼고, 털이 어떻게 생겼고, 수염이 어떻고… 그런데 이런 방식으로는 아무리 해도 한계가 있었다. 예외가 너무 많았기 때문이다. 그래서 한동안 인공지능의 겨울을 겪어야 했다. 두 차례에 걸쳐 각각 10여 년씩 지속됐다.

　인공지능이 다시 각광을 받은 것은 알파고로 유명한 구글의 딥마인드가 썼던 인공신경망 기법의 발전과, 컴퓨팅 파워의 급격한 발전에 따른 것이다. 이 방식은 특징을 잡아내는 작업부터 아예 통째로 인공지능에 다 맡긴다. AI는 주어진 이미지에서 온갖 요소들을 다 구분한 다음에, 그 각각의 요소들마다 가중치를 어떻게 줄 때 최적의 결과가 나오는지를 끝없이 시뮬레이션해서 최적의 값을 찾아낸다. 요소들마다 서로 다른 가중치를 줘가며 결과를 보는 것이다.

　지금까지 나온 가장 뛰어난 인공지능 GPT-3Generative Pre-trained Transformer-3는 무려 1,750억 개의 매개변수를 가지고 있다. 이 정도 사이즈라 컴퓨팅 파워도 엄청나게 많이 든다. 한 번 사전학습을 시키는 데 필요한 비용이 50억 원이 넘는다. 그 덕분에 유례없는 정확성을 자랑하게 됐는데, 문제는 왜 그렇게 정확하게 나오는지를 사람이 설명할 수가 없다는 것이다. 1,750억 개의 매개변수에 대해 각기 가중치를 주게 되는데, 1,750억 개를 일일이 열어가며 왜 이런 가중치를 줬는지를 무슨 재주로 셈을 하겠는가? 2백만 개쯤을 열다 늙어서 죽을지도 모를 일이다. 이 때문에 '설명할 수 있는 인공지능'XAI, Explainable AI이 이 분야의 새로운 주제 중 하나가 됐다. 미국 방위고등연구계획국DARPA, Defense Advanced Research Projects Agency은 일찍이 2016년부터 XAI 투자 프로그램을 가동 중이다.

AI의 자연독점적 성격

이 때문에 인공지능의 자연독점적 성격에 관한 우려도 있다. 지금까지 밝혀진 바로는, 데이터의 양이 많을수록, 매개변수의 양이 많을수록, 컴퓨팅 파워가 클수록 더 좋은 결과가 나왔다. 여기에 이런 연구를 주도할 수 있는 슈퍼 천재급 과학자들도 반드시 있어야 한다. 이런 요소들이 다 자연독점적 성격을 갖는다는 것이다. 중국처럼 십수억 개의 얼굴 데이터를 개인의 프라이버시를 신경 쓰지 않고 마음껏 쓸 수 있거나, 미국의 페이스북, 구글, 아마존처럼 데이터와 돈이 모두 많아서 어마어마한 데이터를 엄청난 컴퓨팅 파워로 돌릴 수 있지 않으면 최신의 인공지능 연구에서는 필연적으로 뒤처질 수밖에 없다는 것이다.

그놈은 바둑을 둔 게 아니다

우리가 오해를 하면 안되는 게, 이게 이름에 '지능'이라는 말이 붙었다고 해서 실제로 생각을 하는 건 아니라는 거다. 예를 들어 알파고는 바둑을 배운 게 아니다. 엄청난 연산을 통해서 최적에 가까운 값을 찾은 것뿐이다. 그게 바둑이든, 고양이 그림을 찾는 것이든 컴퓨터에겐 똑같다. 가령 알파고가 두 점 접바둑을 두려면 처음부터 모든 학습을 새로 해야 한다. 맞바둑일 때, 먼저 두는 흑이 여섯 집 반을 백에게 주는 조건에 맞춰 최적화했기 때문이다. 사람이 바둑을 배웠다면 있을 수 없는 일이다.

숨겨진 패턴을 찾기 때문에 입력 데이터가 이상하면 결과도 터무니없어진다. 예를 들어 인공지능에게 여자와 남자를 구분하라는 과제를 주었다고 해보자. 우연히도 주어진 모든 여자 사진이 입을 벌리고 있는 장면이고, 모든 남자 사진이 입을 다물고 있는 사진이라면 인공지능은 아주 간단히 '입을 벌린 게 여자'라고 결론을 내버린다. 아무리 성능이 좋은 인공지능이라도 결과는 마찬가지다. 가장 명확한 패턴이 입을 벌린 것이기 때문이다. 이 때문에 인공지능 계산에서 전체 시간의 80%가 데이터를 정제하는 데 쓰인다. 아무리 알고리듬이 훌륭하고, 컴퓨팅 파워가 막강해도 오염된 데이터를 넣으면 오염된 결과가 나온다.

오염된 데이터, 오염된 결과

〈인공지능의 시대〉에서도 썼듯이 유명한 애플과 아마존 사례가 있다. 몇 년 전 애플의 신용카드 발급을 위한 신용평가 알고리듬이 동일한 조건의 남성에 비해 여성에게 더 낮은 신용한도를 부여하고 있다는 게 드러났다. 이 소식은 소셜미디어를 통해 금세 퍼져나갔고, 미 금융당국도 조사에 착수했다. 이 사건은 두 가지 점에서 큰 주목을 받았다. 첫 번째, 처음부터 애플이 사용한 금융 데이터에는 고객이 남성인지 여성인지는 들어 있지 않았다. 그러니까 고객이 남자인지, 여자인지를 인공지능은 애초에 알 수가 없었다는 것이다. 두 번째, 애플 스스로도 왜 자신들의 알고리듬이 이런 편향된 결과를 불렀는지를 설명하지 못했다. 그저 인공지능이 저지른 일이었던 것이다. 애플과, 카드 발급을 맡은 골드만삭스는, 남성에게 유리한 평점을 매겼던 과거의 관행이 데이터 어딘가에 묻어 있었을 것이라고 짐작했다. 이 알고리듬은 폐기됐다.

아마존도 몇 년 간 개발해서 채용에 적용해오던 인공지능 툴을 폐기했다. 최근 10년간의 채용 데이터를 근거로 수많은 채용 후보자 중에서 적합한 사람을 가려내는 툴이었는데, 그 결과가 남성 편향적이었다는 게 드러난 것이다. 지난 10년간 남자 직원이 훨씬 많았는데, 인공지능은 이것을 주요한 입력요소로 판단한 것이다. 아마존은 이 편향을 제거할 적절한 방법이 없다고 판단해 결국 툴을 개발해온 팀 자체를 해체했다.

이 두 가지 사례는 인공지능과 알고리듬이 안고 있는 잠재적 위험을 잘 보여준다. 입력한 데이터가 적절하지 않으면 결과값은 언제든 오염된 형태로 나타날 수밖에 없는데, 그 이유를 알고리듬을 만든 사람조차 알 수 없을 때가 많다.

믿을 수 있는 인공지능을 향해

AI가 사회에 미칠 영향이 막대하기 때문에, 그 숨겨진 편향과 불공정의 위험도 대단히 엄중하게 다뤄져야 한다. 관련해서 EU는 2021년 4월 21일 인공지능 영역을 규율하기 위한 법안을 발표했다. 부속서를 포함해 120쪽이 넘는 긴 법안이다.

위험도가 특히 높기 때문에 금지되는 기술은 다음의 네 가지 유형이다.

첫째, 사람이 의식하지 못하는 사이에 사람의 행동양식에 왜곡을 가져오거나 피해를 초래할 수 있는 인공지능 시스템.

둘째, 나이, 신체적 장애, 정신적 장애 등 특정 집단에 속하는 사람의 취약점을 이용해 이들이나 제3자에게 해를 끼칠 우려가 있는 인공지능 시스템.

셋째, 개인의 사회적 행동양식이나 속성에 기초해 사회적 신뢰도 등에 대해 공공기관이 점수화하고 이로부터 부당한 불이익이 발생할 수 있는 유형의 인공지능 시스템.

넷째, 공공장소에서 법집행을 목적으로 실시간 원격 생체정보 식별을 하는 인공지능 시스템 중 납치, 테러, 범죄자 확보 등 법에서 허용하는 예외 상황에 해당하지 않는 경우.

금지되지 않지만 위험도가 높은 것으로 분류되는 인공지능도 있다.

생체정보를 이용한 식별 및 유형화,

교통이나 전기 등 중요한 사회적 인프라 관리,

교육 및 직업훈련, 고용 및 인사 관리, 신용도 평가 등 주요 사적 및 공적 서비스,

법집행, 이민, 사법 및 민주적 절차 등 여러 인공지능 기술이 포함된다.

미국은 주로 연방거래위원회에서 지침을 내놓고 있다. 역시 지난 4월 19일 '기업이 인공지능 기술을 개발하는 과정에서 어떻게 진실성, 공정성, 형평성을 추구해야 할 것인지'에 관한 지침을 제시했다.

이번 지침에는 다음 사항들의 중요성이 강조됐다.

◉ 인공지능 모형의 개발에 이용되는 데이터셋 자체의 편향을 최소화하기 위한 노력

◉ 인공지능 모형을 적용한 결과 불공정하거나 차별적 상황이 발생하지는 않는지에 대한 모니터링

◉ 투명성과 개방성의 확보

◉ 개별 기업이 자신의 인공지능 기술이 공정하다거나 편향이 없는 결과를 가져온다는 식의 과장된 언급을 함부로 하지 않도록 주의

◉ 이용자의 데이터를 이용할 경우 용도에 관한 명확한 고지

◉ 인종이나 성별 등이 고려된 맞춤형 광고를 제공할 경우 부당한 차별이 초래될 가능성에 유의

◉ 문제가 발생하면 책임을 질 준비를 할 것 등이다.

한국의 인공지능 사례

한국에서도 인공지능이니 알고리듬 활용과 관련한 이슈들이 나타나고 있다. 대표적인 게 네이버의, 포털에 올라오는 기사를 사람이 개입하지 않고 순수하게 알고리듬으로만 배치한다고 하는 주장과, 요기요라는 음식배달업체에서 배달 기사 등급을 순수하게 인공지능이 부여하고 있어서 자기들은 모른다고 했다는 경우다.

MBC 뉴스에 보도된 요기요의 경우를 보면

요기요 기사인 K씨는 열흘 전 오토바이 배달을 하다 차에 치였습니다.

K씨는 발목을 다쳤지만, 바로 배달에 복귀하겠다고 했습니다. 혹시라도 쉬었다가 등급이 떨어질까봐 두려워서였는데, 요기요는 사고 때문에 쉰 거니 그럴 일 없다며 이틀간 쉬고 나오라고 했습니다.

[K씨 요기요 기사]

"(요기요에) 제가 일부러 계속 물어봤어요. (등급 영향이) 없다고 확실하게 저한테 얘기했거든요. 전 가정이 있기 때문에 이걸로 생계유지하고 있는데, 2등급 되면 더 힘들어져요."

하지만 쉬고 나온 K씨의 등급은 바로 2등급으로 떨어졌습니다.

요기요에선 인공지능 AI가 배달기사들의 근무평점을 매겨 등급을 부여하는데, 2등급으로 떨어지면 일감을 잡기 힘들어 월 수입이 수백만 원씩 줄어들 수 있습니다. K씨가 "쉬라고 해서 쉬었는데 왜 등급을 떨어뜨렸느냐"고 항의하자, 요기요는 인공지능이 하는 일이라 모른다고 답했습니다.

[요기요 콜센터]

(아니 (배달주문) 거절도 안했고 (근무시간) 100%까지 유지했는데 2등급이 됐다, 이건 말이 안되는 거잖아요?)

"(인공지능) 판단 기준은 저희도 알 수가 없어요."

내용을 보면 정확히 미국 연방거래위원회가 해서는 안 된다고 한 것들을 고스란히 하고 있다.

◉ 인공지능 모형을 적용한 결과 불공정하거나 차별적 상황이 발생하지는 않는지에 대한 모니터링

◉ 투명성과 개방성의 확보

◉ 개별 기업이 자신의 인공지능 기술이 공정하다거나 편향이 없는 결과를 가져온다는 식의 과장된 언급을 함부로 하지 않도록 주의

◉ 문제가 발생하면 책임을 질 준비를 할 것

네이버의 기사 편집도 마찬가지다. 네이버는 알고리듬으로 객관적으로 하고 있다고만 말한다. 네이버 홈페이지에 실린 설명을 보면 네이버는 협업필터링CF, Collaborative Filtering과 QMQuality Model을 쓴다. 협업 필터링은 다른 사람들의 데이터를 참조해서 추천을 어떻게 할지를 정한다고 해서 붙은 이름이다. 간략히 설명하면 '상품 기반'과 '사용자 기반'으로 나눌 수 있다. 그러니까 이 상품을 산 사람이 같이 산 상품을 추천한다. 이게 상품 기반이다. 너랑 비슷한 사람이 이런 상품을 주로 사더라, 이게 사용자 기반이다. 쇼핑몰에서 흔히 만나게 되는 추천방식이다. 잠재요인 기반은 숨겨진 패턴을 찾아서 '너 이거 좋아할 거야'라고 알려주는 것이다.

네이버가 말하는 QM알고리듬을 뉴스 추천과 배열에 쓸 수 있는가 혹은 써도 좋은가에 대해서는 회의적이다. 이 알고리듬은 중국

의 안면인식이나 알파고처럼 이제는 '사람보다 낫다'라고 할 만큼 발전한 게 아니기 때문이다. MIT에서 가짜뉴스를 가려내기 위해 이 모델을 돌려본 결과 신뢰도가 60~70% 언저리더라는 게 최근의 리포트다. 상용화할 수준이 못 된다는 것이다.

공정성에 관한 근본적인 질문도 남아 있다. 인공지능으로 고양이를 인식할 수 있게 학습을 시킨다고 해보자. 내가 가지고 있는 모든 고양이 사진을 다 인공지능을 학습시키는 데 넣어선 안 된다. 그중 일부를 검증용으로 따로 빼놓아야 한다. 그래야 학습이 끝난 다음, 따로 빼둔 사진을 이용해서 진짜 인식을 제대로 하는지 검증을 할 수 있다. 모든 사진을 학습하는 데 넣어버리면 당연히 미리 학습한 사진들에 대해선 인식을 잘 할 수밖에 없기 때문이다. 가령 20만 장의 사진이 있다면 그중 14만 장을 학습용으로 쓰고, 6만 장을 학습결과에 대한 검증용으로 쓴다.

뉴스 추천도 마찬가지다. 인공지능에 의한 추천이 공정한 것인지를 확인하려면, '공정하게 추천하면 이런 모습일 거야'라는 모델이 있어야 한다. 비교 셋이 있어야 추천 결과가 정확한지를 검증할 수 있을 것이다. 이 모델은 누가 만드나? 결국 사람이 하는 일이다. '사람이 관여하고 있지 않다'는 류의 말은 기술을 하는 사람이 함부로 해선 안 되는 말 중에 하나다. 아마도 그 말을 한 사람은 엔지니어가 아닐 것이다.

함께 만들어가야 할 규율

인공지능은 만능이 아니다. 집어넣는 데이터가 오염이 되어 있거나, 알고리듬을 잘못 짜면 편향되고 공정하지 않은 결과를 뱉어낼 수밖에 없다. AI가 사회의 전 영역에 침투하고 있는 이즈음, 편향성과 불공정성을 체크하고, 투명하고 믿을 수 있는 인공지능을 만드는 것은 시급한 과제다. 앞서 말했듯 설명 가능한 AI가 중요한 주제 중의 하나가 된 것도 그 때문이다. 유럽연합은 2018년부터, 알고리듬에 의해 자동으로 결정된 사안에 대해서는 회사에서 반드시 설명을 제공할 수 있어야 한다고 못 박고 있다. 미국에서도 회사가 내린 신용카드 발급, 주택담보대출 등의 주요 금융 결정에 대해서는 반드시 그 대상이 된 사람에게 이유를 제시하도록 법적으로 강제하고 있다

AI로 했기 때문에 믿을 수 있다거나, 알고리듬으로 했기 때문에 객관적이라는 말은, 앞서 애플과 아마존의 사례에서 보듯 완전히 틀린 말이다. 전문가가 알고도 그런 말을 한다면 속임수가 된다. 우리는 인공지능을 아직 잘 모른다. 함께 익혀나가고 있다는 것, 잠재력이 큰 만큼이나 숨겨진 위험도 크다는 것을 인지하고 공통의 규범을 함께 신중하게 만들어 나가야 한다.

기계가 읽을 수
있어야 한다

— 데이터 공개의 제1원칙

지난해부터 국무총리 산하의 제4기 공공데이터전략위원회 위원으로 임하고 있다. 첫 회의에서 냈던 의견을 정리한다. 말하자면 '공공데이터의 조건'에 관한 얘기이자, '공공데이터의 실제 사용자'에 관한 글이다.

우리에게는 이미 수백 명의 오드리 탕이 있다

'공공마스크앱' 개발에 참여했던 경험으로부터 시작한다. 워낙 다급하게 진행됐던 일이다. 한국정보화진흥원NIA이 PM을 맡았다. NIA가 가장 먼저 한 일은 시빅 해커들을 불러모으는 것이었다. "어떻게 하면 좋겠는가?"의견을 묻고 경청했다.

"수백만 명이 동시에 앱을 열 텐데 거기서 쏟아지는 트래픽은 심평원건강보험심사평가원에서 절대로 감당을 하지 못할 거다, API서버 등 트래픽을 직접 받는 부분은 모두 네이버나 KT 등 민간 클라우드로 올려야 한다", "심평원에서 어떤 데이터를 줄지 모르지만, 데이터 포맷을 먼저 알려달라, 그러면 데이터 없이도 앱을 미리 만들어 놓을 수 있다", "반드시 베타서비스라는 것을 명시해라, 급히 연 다음 계속 업데이트를 해야 하는데, 자칫 기대수준 관리를 못하면 좋은 일을 하고도 큰 비난을 부르게 된다" 등 여러 얘기들이 나왔다. NIA는 즉각 이를 수용했다. 그리고 사흘 만에 시빅해커들이 만든 앱이 속속 공개됐다. 전설 같은 순간이었다. 자신들의 엔지니어링 기술로 동료 시민들을 도울 수 있어 기뻐하던 개발자들을 지켜본 것은 근래 가장 즐거운 경험이었다.

말하고 싶은 것은 우리나라에도 수백 명의 오드리 탕대만의 대표적 시빅해커이 있다는 것이다. 공공데이터전략위원회에는 더 많은 시빅해커들이 초대를 받아야 한다. 이번 4기에는 투명사회를 위한 정보공개센터 공동대표, 권혜진 씨 한 분 정도가 시빅 해커라고 할 만하다. 더 많은 젊은 해커들이 전략을 만들 때부터 참가해야 한다. 실제로 공공데이터를 사용하는 것은 엔지니어들이기 때문이다. 기업이나 연구기관에서 공공데이터를 쓴다고 해도 그걸 다루는 것이 엔지니어라는 건 바뀌지 않는다. 실제로 쓸 사람들의 의견이 반영이 되어야 한다. 자동차를 내다 팔고 싶으면 자동차를 살 사람들을 대상으로 시장 조사를 하는 게 당연하듯, 공공데이터를 개방한다면 그것을 쓸 엔지니어들에게 처음부터 의견을 물어야 한다.

기계가 읽을 수 있어야 한다

그런데 엔지니어들보다 더 중요한 사용자가 있다. Machine, 즉 기계다. 엔지니어가 코딩을 해서 데이터를 수집할 때 그것을 처리하는 것은 컴퓨터다. 그래서 공공데이터를 공개할 때 첫 번째 조건은 'Machine Readable', 기계가 읽을 수 있어야 한다는 것이다. 우리나라는 공공데이터의 개방에 있어 OECD에서 가장 앞선다. 3년 연속 1위를 차지하고 있다. 아쉬운 부분이 있다면, 개방된 데이터들의 일부는 기계가 읽을 수 없다는 것이다. 사실은 공개된 게 아니

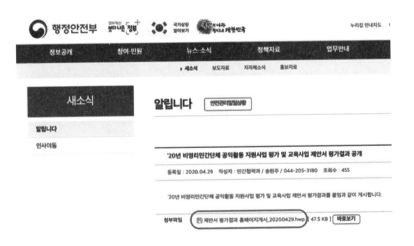

라는 뜻이다. 크게 3개의 영역이 있다. 하나씩 보자.

우리나라 정부부처들은 주요한 문서들을 대부분 홈페이지를 통해 공개하고 있다. 누구든 내려 받아 읽을 수 있다. 그런데 이게 사람이 읽을 수 있는 문서지, 기계가 읽을 수 있는 데이터가 아니라는데 문제가 있다. 표준 포맷이 아니기 때문이다.

개방형문서형식Open Document Format for Office Applications, **ODF**이라는게 있다. 위키백과의 설명은 이러하다.

"스프레드시트, 차트, 프레젠테이션, 데이터베이스, 워드 프로세서를 비롯한 사무용 전자 문서를 위한 파일 형식이다. 이 형식은 원래 오픈오피스에서 만들고 구현한 XML 파일 형식을 바탕으로, OASIS Organization for the Advancement of Structured Information Standards 컨소시엄이 표준화하였다. 2006년에는 국제 표준화 기구 및 국제 전기 표준 회의의 인증을 받아 ISO / IEC 26300 : 2006으로 발표되었다."

이 포맷을 쓰면 기계가 읽을 수 있다. 데이터가 된다는 뜻이다. 기계가 읽을 수 있다는 것은 '기계가 자동으로 처리를 할 수 있다'는 뜻이다. 수백만 개의 정부 발행문서들을 사람이 일일이 수작업으로 처리하기는 불가능하다. 다시 말해 버려지는 문서라는 뜻이다. 아래아 한글은 표준 포맷이 아니어서 기계가 자동으로 처리를 할 수가 없다. '데이터는 새로운 석유다', '디지털 경제는 데이터 경제다'를 주창하는 정부에서 지금 이 순간에도 기계가 읽을 수 없는 문서들을 끊임없이 홈페이지에 '공개'하고 있는 것은 진심으로 안타까운 일이다.

두 번째는 숫자로 가득한 pdf 파일이다.

기획재정부 홈페이지다. 2020년 세입과 세출을 설명하는 자료를 올렸다. 누구나 다운로드 받아 볼 수 있다. 하지만 기계는 이것을 읽을 수 없다. 표준 포맷이 아니어서 자동으로 처리할 방법이 없기 때문이다. 제대로 활용되지 못한 채 묻히는 귀중한 자료다. 역시 사실상 표준인 CSV 포맷으로 올리면 자동화 처리를 할 수가 있다. 어렵게 들리는데, 그저 엑셀 시트로 올리면 된다. 위키백과는 아래와 같이 설명을 하고 있다.

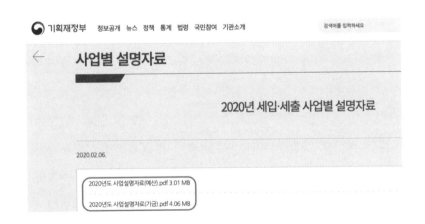

CSV comma-separated values는 몇 가지 필드를 쉼표(,)로 구분한 텍스트 데이터 텍스트 파일이다. 확장자는 .csv이며 MIME 형식은 text/csv이다. **comma-separated variables**라고도 한다. 오래전부터 스프레드시트나 데이터베이스 소프트웨어에서 많이 쓰였으나 세부적인 구현은 소프트웨어에 따라 다르다. CSV는 흔히 사용되고, 비교적 단순한 파일 포맷이며, 소비자들consumer과 업무business, 그리고 과학 애플리케이션에서 널리 사용되고 있다. 이것을 가장 흔히 사용하는 방법 중 하나는 호환되지 않는 포맷을 사용하는 프로그램끼리 자료를 전달할 때 사용한다.

세 번째는 웹페이지들이다.

익산의 천만송이국화축제 홈페이지다. 다른 많은 지역축제와 마

☘ 주차안내

구분	구역	주차형태	주차연수(2086대)	주차차장
제1주차장(장애인)	익산청소년수련관(중앙체육공원 북문방향)	주차장	50대	장애인차량
제2주차장	익산문화원	주차장	140대	승용차
제3주차장	중앙체육공원입구(0.2km)	임시정차	10대	관광버스
제4주차장	중앙체육공원 입구 및 반대차선(0.5km)	도로양측, 일렬주차	160대	승용차
제5주차장	쌍룡APT사거리 - 부영1차APT(0.5km)	도로양측, 일렬주차	320대	승용차
제6주차장	1공단사거리 - 체육공원사거리(0.7km) 익산세관, 전북은행 공단지점	도로양측, 일렬주차, 주차장	320대	승용차
제7주차장	진성오리집 - 쌍룡APT사거리(0.7km)	도로양측, 일렬주차	320대	승용차
제8주차장	한국GM시 - 한국폴리텍대학(0.7km)	도로양측, 일렬주차, 주차장	260대	승용차
제9주차장	어양APT - 부천초교사거리(0.7km)	도로양측, 일렬주차	400대	승용차
제10주차장	자이APT앞 도로(0.2km)	도로양측, 일렬주차	56대	승용차
제11주차장	공설운동장(3.3km)	운동장	50대	관광버스

찬가지로 전체 일정표와 주차 안내가 올라와 있다. 하지만 짐작하듯 이것도 사람이 개입해야 데이터가 된다. 포맷이 제각각이기 때문이다. '구조화된 데이터'Structured data 포맷을 쓰면 기계가 웹페이지를 자동으로 처리할 수 있다. 웹사이트 자체가 공개 데이터로 변모할 수 있다는 것이다. 이렇게 하면 전국 지자체의 축제 일정과 주차장 위치가 단번에 하나의 데이터로 만들어질 수 있다. 기계가 자동으로 처리할 수 있기 때문이다.

이쪽에서 가장 유명한 포맷은 **Schema.org**다. 구글과 MS, 야후가 함께 손잡고 2011년 시작했다. 표준 용어와 메타데이터를 정하고, 이것을 웹페이지들이 함께 쓰게 함으로써 기계가 자동으로 웹페이지의 데이터들을 처리할 수 있게 하자는 시도다. 구글 등은 구조화된 데이터용 테스트 도구* 및 URL 검사 도구**를 제공한다. 우리도 이 포맷에 준해 우리 사정에 맞는 표준 용어와 메타데이터들을 더하면 정부와 공공기관의 웹사이트들을 거대한 공공데이터셋으로 만들 수 있다. 디지털 뉴딜 정책의 하나로서도 아주 해봄직한 일이 될 것이다. 네이버와 다음과 같은 국내 검색서비스들이 재능을 보탠다면 더욱 훌륭하겠다.

지침만으로는 안 된다.

수년 전의 일이다. 지금은 많이 다를 것이다. 하나의 예시로 소개하는 것이다. 관광공사에는 반짝이는 데이터들이 아주 많다. 당연히 여행스타트업이라든가 포털들에서 가져다 쓰고 싶어한다. 그런데 담당자가 난색을 표하는 것이었다. 상반기 전산 예산의 절반을 다운로드 트래픽 비용에다 써버려 위에서 눈치가 이만저만이 아니라는 것이다. 일을 열심히 잘한 덕분에 말하자면 '찍혔다'는 것이다.

공공데이터와 관련해서는 담당자와 기관의 평가점수에 반영할 뿐더러, 공공데이터 개발뿐 아니라 운영에도 예산이 함께 지원이 되어야 한다. 그렇지 않으면 일을 열심히 할 유인이 없다. 눈치 없이 열심히 한다고 핀잔을 먹지 않으면 다행이지.

---

* https://search.google.com/structured-data/testing-tool/u/0/?hl=ko

** https://support.google.com/webmasters/answer/9012289?hl=ko

데이터는 공개하는 것으로 끝나는 게 아니라 제때 업데이트가 되어야 한다. 이것은 잘 안 보이는 일이다. 이런 일들이 평가와 예산에 반영이 되어야 실제로 쓸 수 있는 공공데이터가 된다.

통계가 아니라 로 데이터Raw data

연구목적으로 데이터를 쓸 때는 누군가 가공해 놓은 통계가 아니라 원 데이터가 필요하다. 내가 '킹덤'을 보고 싶은데 선배가 "걱정 마, 내가 스토리 다 얘기해줄게"라고 하면 그게 무슨 도움이 되겠는가? 통계는 줄거리를 얘기해주는 선배와 같다.

모든 로 데이터를 다 공개하기는 현실적으로 어려울 것이다. 1. 자주 요청을 받는 데이터는 로 데이터로 제공을 한다, 2. 한 번이라도 제공한 적이 있는 로 데이터는 특별한 사정이 없는 한 전체 공개한다, 3. 로 데이터를 제공 받아 정제해서 연구에 사용한 기관/사람은 정제한 데이터를 전체 공개로 다시 제공해야 한다, 정도를 원칙으로 하면 어떨까 생각한다.

데이터는 새로운 석유다, 기계가 읽을 수만 있다면! 세계 최고의 공공정보 공개국에서 세계 최고의 '기계가 읽을 수 있는 데이터 보유국'으로 한 단계 더 진화하자. 디지털 뉴딜은 이것을 하기에 다시 없이 좋은 계기다.

컴퓨팅적
사고능력의 시대

― 소프트웨어가 세상을 집어삼키고 있다

2017년 4월 4일(미국 현지 시각) 테슬라가 GM을 제치고 미국에서 가장 회사 가치가 큰 자동차 회사가 됐다. 시가 총액 529억 달러 (약 59조 4,800억 원)로, GM의 497억 달러(약 55조 8,800억 원)를 앞질 렀다. 미국 자동차 업체 중 가장 비싼 회사가 된 것이다. 그리고 4 년 뒤인 2021년 4월 22일 시가총액은 7,142억 달러, 우리 돈으로 797조 7,614억 원. 도요타와 폭스바겐, 다임러벤츠, 아우디, GM, BMW를 다 합한 것보다 많다.

테슬라는 전기차를 만든다. 이 차의 앞 부분은 텅 비어있다. 내연기 관, 다시 말해 엔진이 없기 때문이다. 대신 거기에 짐을 실을 수 있다.

테슬라는 처음으로 대중화에 성공한 전기차 회사이기도 하지만, 이 회사를 더욱 유명하게 한 것은 이른바 '자율주행' 기능이다. 테

슬라는 놀랍게도 이미 판매한 차에다 자율주행 기능을 추가로 제
공한다. 정비소로 다시 부르지도 않는다. 그저 자동차의 소프트웨
어를 무선망으로 업데이트한다. '오버 디 에어'OTA 서비스를 이용한
것이다. 테슬라의 전기자동차는 사실은 거대한 배터리를 장착한 소
프트웨어라는 것을 증명하는 사례다.

　"3차산업혁명이 아톰을 비트로 바꾼 것이라면, 4차산업혁명은
비트가 다시 아톰이 되는 것을 뜻한다"라는 말이 있다. 세상의 모든
것이 소프트웨어화하고 있다는 의미다. 테슬라의 전기자동차는 그
것을 보여주는 훌륭한 본보기다.

　10년 전인 2011년으로 거슬러 올라가 보자. 월스트리트 저널에
"소프트웨어가 세상을 집어삼키고 있다"라는 제목의 인터뷰가 실

렸다. 인터뷰이는 마크 앤드리슨, 우리가 인터넷을 쓸 때 이용하는 상업용 브라우저 '모자이크'를 처음으로 만든 천재 개발자 출신 투자자다.*

THE WALL STREET JOURNAL. ≡

ESSAY

Why Software Is Eating The World

By MARC ANDREESSEN

August 20, 2011

This week, Hewlett-Packard (where I am on the board) announced that it is exploring jettisoning its struggling PC business in favor of investing more heavily in software, where it sees better potential for growth. Meanwhile, Google plans to buy up the cellphone handset maker Motorola Mobility. Both moves surprised the tech world. But both moves are also in line with a trend I've observed, one that makes me optimistic about the future growth of the American and world economies, despite the recent turmoil in the stock market.

In an interview with WSJ's Kevin Delaney, Groupon and LinkedIn investor Marc Andreessen insists that the recent popularity of tech companies does not constitute a bubble. He also stressed that both Apple and Google are undervalued and that "the market doesn't like tech."

In short, software is eating the world.

More than 10 years after the peak of the 1990s dot-com bubble, a dozen or so new Internet companies like Facebook and Twitter are sparking controversy in Silicon Valley, due to their rapidly growing private market valuations, and even the occasional successful IPO. With scars from the heyday of Webvan and Pets.com still fresh in the investor psyche, people are asking, "Isn't this just a dangerous new bubble?"

• https://www.wsj.com/articles/SB10001424053111903480904576512250915629460

마크 앤드리슨은 페이스북, 트위터, 스카이프 등에 투자한 유능한 투자자다. 이 인터뷰에서 그는 "소프트웨어 기업이 세상을 지배하는 트랜드"가 본격적으로 시작됐다는 것을 거듭 강조했다.

컴퓨터 혁명이 일어난 지 60년, 마이크로 프로세서가 발명된 지 40년, 그리고 현대 인터넷이 떠오른 지 20년 만에 드디어, 소프트웨어로 산업들을 변환할 수 있는 모든 조건이 갖춰졌다는 것이다. 게다가 전 지구적 규모로!

그는 설명한다. '오늘날(여기서는 2011년) 세계 최대의 서점인 아마존은 소프트웨어 회사다. 이전까지 최고의 서점이었던 보더스는 파산을 준비하고 있는데, 아마존은 킨들을 종이책보다 더 열심히 팔고 있다. 책도 소프트웨어가 됐다. 현재 가장 큰 비디오 서비스 회사도 소프트웨어 회사다. 넷플릭스. 세계 최대의 비디오 체인이었던 블록버스터가 넷플릭스에 의해 어떻게 무너졌나 하는 건 이미 낡은 이야기다. 컴캐스트, 타임워너와 같은 전통적인 엔터테인먼트업계의 강자들이 임박한 위협에 변신을 서두르고 있다. 지배적인 음악서비스 회사들도 소프트웨어 회사다. 애플의 아이튠즈, 스포티파이 그리고 판도라. 세계 최고의 직접 마케팅 플랫폼은 소프트웨어 회사인 구글이다. 가장 빨리 성장하고 있는 통신서비스는 스카이프라는 소프트웨어 회사다. 소프트웨어는 모든 산업부문에서 돌이킬 수 없는 변화를 만들어내고 있다.'

'그러므로 소프트웨어 회사들의 주가가 지나치게 높은 게 아니냐고 의문을 가질 시간에 이 새로운 회사들이 어떻게 일을 해나가고 있는지, 그런 변화들이 결국 어떤 결과를 낳게 될 것인지를 생각하고 이해하는 게 옳다'고 그는 결론 짓는다.

이 인터뷰가 있은지 불과 6년이 지나지 않아 테슬라의 시가총액이 GM을 추월했다.(이 인터뷰를 읽으며 감탄할 시간에 테슬라 주식을 샀어야…)

미국의 전략 Computer Science For All

오바마 전 미국 대통령은 2016년 '컴퓨터 사이언스 포 올Computer Science For All'이란 제목의 컴퓨터 교육을 위한 새로운 프로젝트를 내놓았다.

사이언스타임즈에 실린 기사다. "미국이 소프트웨어 교육을 대폭 강화하고 있다. 오바마 대통령은 지난 주말(1월 30일) 라디오 연설을 통해 '컴퓨터 사이언스 포 올Computer Science For All'이란 제목의 컴퓨터 교육을 위한 새로운 프로젝트를 소개했다. 백악관은 이에 앞서 연두교서를 통해 소프트웨어 교육 확대를 위한 기금 40억 달러를 조성하겠다고 밝힌 바 있다. 이 계획의 목표는 유치원부터 고등학교까지 컴퓨터 교육을 강화하기 위한 것이다.

증대되고 있는 디지털 경제에 능동적으로 적응할 수 있도록 학생들로 하여금 컴퓨팅적 사고능력computational thinking skills을 강화하겠다는 것이다."

여기서 '컴퓨팅적 사고능력'이란 말을 기억해두자.

"오바마 대통령은 연설을 통해 "학부모, 비즈니스 리더들이 나서 모든 학생이 미래에 좋은 직업을 가질 수 있도록 도와줘야 한다"고 주장했다. 단순히 컴퓨터를 사용하는 것에 그치지 말고 분석 도구를 개발하거나 프로그래밍 기술을 알려줘 국가 경제에 힘을 불어넣을 수 있게 해야 한다"고 강조했다.

오바마는 "지금 자동차 정비공은 단순히 자동차 오일만 갈지 않는다"고 말했다. 1억 개가 넘는 소스코드를 보면서 일하고 있다는 것. 그는 "간호사 역시 데이터를 분석하고 전자기기에 담긴 기록을 관리하고, 기계공도 컴퓨터 프로그램을 만들고 있다"고 말했다. 또 "모든 근로자는 큰 문제를 작은 문제로 나눠 생각할 수 있어야 한다"고 말했다.

오바마는 "현재 부모 10명 중 9명은 아이들이 학교에서 컴퓨터과학을 배우길 원한다"고 말했다. 그러나 "현재 컴퓨터과학을 가르치고 있는 학교는 초·중·고등학교의 25% 정도에 불과하며, 22개주에서는 졸업 과정에 컴퓨터과학을 포함하지 않고 있다"고 말했다.

"그래서 이제 모든 학생이 컴퓨터과학을 배울 수 있는 기회를 주려 한다"며 "특히 여학생과 소수계층을 중심으로 '컴퓨터 사이언스 포 올Computer Science For All' 프로젝트를 확대하겠다"고 밝혔다.

"이 프로젝트는 미국 학생 모두 (컴퓨팅) 기술을 배울 수 있게 돕는 프로젝트이다. 이 프로젝트를 위해 먼저 의회에 예산을 요청하고, 향후 3년간 초·중·고교 학생 모두가 컴퓨터과학을 배울 수 있게 할 계획"이라고 말했다.

이 프로젝트의 특징은 주지사, 시장, 기업 리더, IT 기업 등과 함께 협력을 강조하고 있다는 점이다. 오바마 대통령은 교사 확보를 위해서는 국립과학재단, 국가와 지역사회 봉사단 등과 적극 협력하겠다고 밝혔다. 컴퓨팅 교육에 대한 미국 국민의 반응은 매우 호의적이다. 최근 소프트웨어를 중시하는 직업이 늘어나면서 컴퓨터 교육에 대한 요구가 분출하고 있는 중이다.

미 노동국은 컴퓨터 사이언스와 관련해 현재 미 전역에서 일자리 100만 개가 생겨날 것이라며, 정부 당국에 소프트웨어 교육을 강화해줄 것을 주문하고 있다. 그동안 미국은 주 단위로 컴퓨터 교육을 강화해왔다. 연방정부에서 직접 나서 교육을 독려하기는 이때가 처음이었다. 미국 국가과학재단NSF 컴퓨터 교육 옹호자 루시 팔머Ruthe Farmer 박사는 "코딩 교육을 위한 커리큘럼 작성을 서둘러야 한다"고 말했다.

오바마는 "디지털 경제에 능동적으로 적응할 수 있도록 학생들로 하여금 컴퓨팅적 사고능력computational thinking skills을 강화하겠다"라고 말했다. 오바마는 왜 프로그래밍 능력이나 코딩 능력이라고 하는 대신 컴퓨팅적 사고능력이라고 한 걸까?

부러운 교육선진국 핀란드의 사례

소프트웨어가 중요한 시대인데 왜 코딩이 아니라 컴퓨팅적 사고가 중요한 것일까? 컴퓨팅적 사고능력은 대체 무엇을 말하는 것인지를 얘기하기 전에 교육선진국 핀란드의 사례를 보자.

정보통신산업진흥원 홈페이지에서 인용한다.

핀란드가 2016년 8월, 10년에 한 번 추진하는 종합학교의 교육과정을 개정했다. 기본적인 의무 교육은 7세부터 16세까지로 우리나라의 초·중학생에 해당하며, 전 교과목에 소프트웨어 교육을 강화하는 혁신적인 변화를 보여주었다.

핀란드의 문화교육부와 대사관은 전 세계 교육 관계자들이 궁금해하는 사항을 Q&A로 정리해 공개 중이다. 다음은 그중 일부를 발췌한 내용.

Q. 올해부터 필수 과목인 프로그래밍 교육은 어떻게 진행되나?

A. 프로그래밍 교육은 독립된 과목이 아니다. 전 과목에 적용해 가르치기 때문이다. 물론 논리적 사고력을 증진하는 수학 과목에서 프로그래밍 교육의 비중이 가장 높다. 하지만 음악과 체육 과목에서도 프로그래밍 교육이 이뤄진다. 1~2학년 때는 논리적 사고와 함께 정확한 명령 전달 방법을 배우고, 3~6학년부터는 컴퓨터나 태블릿을 이용한 코딩 구현에 들어간다. 그리고 7~9학년이 되면 스스로 알고리듬을 짜서 원하는 프로그램을 만들 수 있게끔 최소한 하나 이상의 프로그래밍 언어를 익히게 할 계획이다.

Q. 테마 교육에 대한 관심이 높은데, 어떤 방식으로 진행되는가?

A. 테마 교육을 진행한다고 해서 정규 교과목이 없어지는 것은 아니다. '지구 온난화', '유럽 연합' 등의 테마를 정하면, 몇 주간 여러 교과목에서 각각의 특성을 살려 테마에 대해 집중적인 교육이 진행된다. 또한, 학생 스스로 학습 목표를 정해 이뤄지는 수업도 병행된다. 이는 새 교과 과정의 학습 목표와 평가 기준이 명확하게 정립됨에 따라 가능해졌다.

Q. 암기 교육을 소홀히 하는 것 같다. 또한, 교사에게 부담이 될 듯 싶은데…

A. 물론 그런 의견도 있다. 하지만 이번 개정의 목표는 창의적인 사고력을 기르고 새로운 기술을 원활하게 다루게 해서 미래를 준비하는 것에 초점을 맞추었다. 이로 인해 교사의 부담도 커진 게 사실이다. 하지만 가장 큰 부담은 교사의 역할이 바뀐다는 것이다. 교사는 단순한 정보 제공자가 아니다. 학생도 수동적인 학습 집단이 아니다. 교사와 학생은 학습 목표를 공유하여 함께 배우고 익히는 공동체이며, 학교는 그들의 교육 커뮤니티 장소가 될 것이라고 믿는다.

1~2학년 때는 컴퓨터 없이 프로그래밍을 가르친다는 것, 독립된 과목이 아니라 전 과목에 적용한다는 것, '지구 온난화', '유럽연합'

등의 주제를 정해서 여러 교과목에서 통합교육을 진행한다는 것들이 다른 나라들과 특별히 다른 핀란드적 특징이다. 배울 게 아주 많다.

컴퓨팅적 사고능력

그래서 컴퓨팅적 사고능력이란 뭔가? 핀란드는 어떻게 컴퓨터도 없이 이것을 가르치고 있는 것일까? 위키피디아는 컴퓨팅적 사고능력을 이렇게 설명하고 있다.

컴퓨팅적 사고Computational Thinking는 정답이 정해지지 않은 문제에 대한 해답을 일반화하는 과정이다. 정답이 정해지지 않은 문제Open-ended Problem는 다양한 변수에 기반한 포괄적이며 유의미한 해답도출이 필요한데, 컴퓨팅 사고를 통해서 발견한 문제 분해 decomposition, 자료 표현data representation, 일반화generalization, 모형 modeling, 알고리듬이 필요하다.

먼저 발생한 문제를 파악하고 구조화한 후, 그에 맞는 알고리듬을 도입해 단계별로 문제를 해결해 나간다면 컴퓨팅적 사고로 문제를 해결했다고 할 수 있다.

예를 들어 잃어버린 열쇠를 찾는 경우, "만약 열쇠가 방에 없다면, 차 안을 찾아본다. 차 안에도 없다면, 코트 주머니 속을 찾아본다. 어느 곳에서도 찾지 못했다면 열쇠를 새로 만든다."와 같이 프로그래밍 언어의 "If, elif, else"(만약 ~이라면, 그렇지 않다면)와 유사한 구조가 나타나는 것과 같다.

아래 4가지 절차를 거친다면 이것은 컴퓨팅적 사고라고 할 수 있다.

분해: 자료, 과정, 문제를 작고 다룰 수 있는 부분으로 나누기
패턴 인식: 데이터 안에 있는 패턴, 동향, 규칙들을 관찰하기
추상화: 이 같은 패턴들을 만드는 일반 원칙 정하기
알고리듬 설계: 이 문제나 유사한 문제를 풀기 위한 단계적 방법 만들기

컴퓨팅적 사고라는 용어는 시모어 페퍼트Seymour Papert 교수가 처음으로 1980년과 1996년 각각 언급했다. 컴퓨팅적 사고를 사용해서 복잡한 대규모 문제를 알고리듬으로 해결할 수 있고, 흔히 효율성에서 상당한 개선을 달성하는 데 사용된다.

요약하면 컴퓨팅적 사고능력은 문제를 해결하는 능력, 그 중에서도 단답형이 아니라, '정답이 정해지지 않은' 문제를 해결하는 능력이다.

크고 복잡한 문제를 작은 단위로 나누어 다룰 만한 크기로 만든 다음, 그 안에 있는 패턴이나 규칙을 찾아내고, 이것을 일반화해서 비슷한 유형의 문제는 다시 고민하지 않고도 풀 수 있게 하는 능력

이다. 이것을 방법으로 만든다면 그것이 알고리듬이 된다.

알고리듬

위키백과에서는 알고리듬을 다음과 같이 설명한다. "알고리듬이란 어떠한 문제를 해결하기 위한 여러 동작들의 모임이다. 수학과 컴퓨터 과학에서 알고리듬이란 작동이 일어나게 하기 위해 내재하는 단계적 집합이다."

그러니까 "문제 해결을 위한, 여러 동작들의 모임"이 알고리듬이다. 잃어버린 열쇠를 찾는 경우, "만약 열쇠가 방에 없다면, 차 안을 찾아본다. 차 안에도 없다면, 코트 주머니 속을 찾아본다. 어느 곳에서도 찾지 못했다면 열쇠를 새로 만든다."라고 할 때 이런 일련의 동작들의 모임을 바로 알고리듬이라고 부를 수 있다. 매번 열쇠를 잃어버렸을 때마다 반복해서 사용해도 되는 방법이다.

논리적 사고

컴퓨팅적 사고를 교육에 도입할 것을 주창한 마이크로소프트 지넷 윙 부사장은 이렇게 말한다. "컴퓨팅적 사고 과정은 문제 해결을 위한 데이터 수집과, 그에 가장 적절한 알고리듬을 만들기까지 통찰을 얻는 과정을 총칭한다. 컴퓨팅적 사고 역시 읽고 쓰고 셈하는 것과 같은 수준으로 교육해야 한다.

컴퓨팅적 사고는 의학, 법, 경제, 정치, 예술 등 사회 모든 분야에서 보편적으로 필요한 핵심 능력이다. 컴퓨팅적 사고가 창의력과 분석력, 논리력 등 핵심 역량을 키워줄 수 있다."

한국의 교육이 정답이 정해지지 않은 문제를 해결하는 논리적 사고력, 즉 컴퓨팅적 사고능력을 높이는 방향으로 이뤄지기를 기원해 마지 않는다. 세상의 문제의 대부분은 정의되지 않은 채로 던져진다. 소프트웨어가 세상의 모든 것을 집어삼키고 있는 지금, 주어진 문제에서 답을 찾으라는 사지선다형의 교육은 말 그대로 시대착오다. 문제를 판별하고 정의해내는 능력, 혼자서 해결책을 찾는 능력을 길러주는 게 참된 교육이다.

문제는
생태계다

— 한국 소프트웨어 산업의 쇠락의 원인들

2008년 9월에 썼던 글이다. 4차산업혁명과 인공지능이 붐을 이룬 지금, 소프트웨어 개발자가 부족하다는 비명이 하늘을 찌른다. 진작에 뿌려놓지 못한 씨가 부메랑처럼 돌아온 것이다. 그 원인을 되짚자고 다시 올린다.

애플의 앱스토어*가 문을 연지 한 달 만에 3천만 달러(약 330억 원)의 수익을 올렸다고 한다. 앱스토어는 애플이 만든 휴대전화 아이폰에 쓰이는 소프트웨어를 판매하는 열린 장터다.

---

* http://www.apple.com/iphone/appstore/

애플은 모든 응용 소프트웨어들을 직접 개발하는 대신 이런 장터를 열어두고 거래 건당 30%의 수수료를 챙긴다. 나머지 70%는 개발자의 몫이다. 원하는 개발자는 누구나 이곳에 자신이 개발한 소프트웨어를 올려두고 공짜로 내려 받게 하거나 혹은 유료로 판매할 수 있다.

지금까지 모바일 소프트웨어 업체들은 휴대폰 제조업체나 이동통신사와 거래를 해 왔다. 이들이 간택해 주지 않으면 아무리 뛰어난 소프트웨어라고 해도 그것으로 그만인 구조였다. 애플의 앱스토어는 처음으로 소비자와 직접적인 거래를 할 수 있게 해주었다.

그 결과는 매출액이 말해주듯 적어도 현재까지는 성공적이다. 미국의 한 대학생은 취미로 개발한 퍼즐 게임을 앱스토어에 올려 매일 2천 달러(약 220만 원)가 넘는 돈을 벌고 있다. 게임업체 세가는 9.99달러짜리 슈퍼몽키볼 게임을 20일 동안 230만 개나 팔아, 간단히 300만 달러를 챙겼고, 소셜 네트워킹 서비스SNS 기업인 페이스북이 올려 놓은 페이스북용 소프트웨어는 다운로드 횟수 1백만 건을 넘겼다.

앱스토어의 성공은 아이폰의 매출 증대를 부르고, 더 많은 아이폰 사용자는 다시 아이폰용 소프트웨어 개발에 뛰어드는 개발자와 기업들의 숫자를 늘린다. 선순환 구조가 만들어지고 있는 셈이다.

애플의 성공은 상생구조에서 비롯

애플의 성공을 지켜보는 마음에는 부러움과 씁쓸함이 함께 있다. 앱스토어의 성공은 곧 소프트웨어를 포함한 한국 IT가 왜 지지부진한가를 보여주는 것이기도 하기 때문이다.

잡스가 애플의 CEO로 복귀한 뒤 보여주고 있는 일련의 행동에는 공통점이 있다. 그것은 그가 애플을 중심으로 거대한 바이오스피어biosphere를 구축하고 있다는 것이다. 그가 만들고 있는 거대한 나선의 상승구조 곳곳에 상생 혹은 윈-윈의 구도가 있다.

음반업계는 MP3 플레이어 아이팟과 온라인 음원 다운로드 서비스인 아이튠즈를 통해, 냅스터로 상징되는 온라인 무한 다운로드의 충격으로 급격히 줄어든 CD 시장의 공백을 메워 줄 구명줄을 찾았다. 사용자는 한두 곡을 듣기 위해 한 개의 CD를 통째로 사는 대신, 자신이 좋아하는 곡만을 따로 살 수가 있게 되었고, 이제는 절판된 노래들을 단 한 번의 검색으로 찾아 들을 수 있게 되었다.

이것은 기존의 음반 가게에서는 거의 팔리지 않는 곡들이 전체 매출의 수십 %를 차지하게 했고, 역시 아마존에서 나타난 오래된 책의 꾸준한 판매 현상과 묶여 롱테일long tail 경제학이라는 신조어를 낳았다. 탐 존스라든가 CCR, 카펜터스 등이 다시 인기를 끌게 된 팝의 복고 현상은 그 덕이라 부를 만하다.

앱스토어의 선반에는 '희망과 기회'가 놓여 있다

그리고 앱스토어가 나타났다. 앱스토어의 선반에 놓인 것은 다름 아닌 '희망과 기회'다. 개인 개발자는 거의 아무런 부담이 없이 자신의 창업기회를 확인해볼 수 있다. 하드웨어 업체나 통신사의 구매담당자의 안목과 변덕에 전적으로 기대는 대신, 무료로 사용기회를 제공해 소비자로부터 직접 판단을 받아볼 수 있다.

바로 창업하는 대신 학교에 다니면서 자신의 상품화 능력에 대한 검증을 받아볼 수 있다. 한번 히트한 소프트웨어는 최소한 몇 달은 매출이 이어지게 마련이다. 그동안 사용자들의 피드백을 받아가며 새로운 소프트웨어를 만들 수도 있고, 이 실적으로 투자를 유치할 수도 있다. 사용자들은 자신이 가진 아이폰의 효율을 백 배, 천 배로 올려줄 다양한 소프트웨어들을 한 곳에서 만날 수 있다.

지금까지 어느 휴대전화 서비스도 하지 않던 일이다. 세가가 대박을 터뜨린 게임 '수퍼몽키볼'은 본래 갖고 있던 게임 중 하나를 아이폰용으로 바꾼 것일 뿐이다. '원 소스 멀티 유즈'의 새 장이 열린 것이다.

'3년차 도산의 굴레'를 못 벗는 한국의 SW산업

그리고 한국. 지독한 농약이 휩쓸고 지나간 토양처럼 이곳의 생태계는 무섭도록 황폐하다. 한국의 젊은이들은 이제 거의 아무도 소프트웨어를 개발하려 하지 않는 것처럼 보인다. 고등학교에서 가장 뛰어난 성적을 보인 젊은이들은 예외 없이 의대를 지망한다. 문과 출신 졸업생들이 모두 법대를 가는 것과 마찬가지다.

10년 뒤 이들이 사회를 떠받치게 될 때쯤 한국은 극심한 인재의 불균형에 시달리게 될 것이다. 골목골목에 오로지 성형외과가 아니면 변호사 사무실이 있을 뿐인 나라. 변호사가 하릴없이 성형을 하고 의사가 소송을 거는 품앗이라도 해주지 않으면 돈이 아예 순환이 되지 않을 나라.

그래서 젊은이들이 무슨 죄가 있으랴. 그들의 뒤에 드리운 것은 일그러진 생태계의 희생양이라는 그림자다. 통신회사들은 굴종에 가까운 일방적 계약을 당연히 여기고, 정부를 포함해 굵직한 갑甲들은 어떤 종류의 소프트웨어든지 SI 하청으로 만들어 버리는 마법을 구사한다.

한국의 소프트웨어 개발회사들이 대개 3년차 도산의 굴레를 벗어나지 못하는 것은 이 때문이다.

의욕에 가득 차 회사를 차리고, 소프트웨어를 만드는 것이 첫 번째 단계다. 첫 번째 납품처를 따내면 이곳은 대개 '레퍼런스'가 된다. '실적을 보여줄 수 있는 첫 번째 케이스가 되니 마진 없이 싸게 해주어야 하는 곳'이자, '문제없이 잘 돌아가는 것을 보여줘야 하므로 온갖 요구들을 거의 대가 없이 들어줘야 하는 곳'이 된다는 것이다.

문제는 첫 번째만 '레퍼런스'가 아니라는 데 있다. 계약하는 모든 곳이 레퍼런스의 지위를 요구한다. 갑마다 요구에 맞게 '커스터마이징'을 해 주어야 하는데, 그러다 보면 거래처가 늘어나는 딱 그만큼 소프트웨어의 종류가 늘어나게 된다. 무늬만 같을 뿐 실상은 다다른 소프트웨어이기 때문이다. 이것이 두 번째 스텝이다.

해마다 소프트웨어의 버전을 높이고 거래처가 늘어나면 바야흐로 마지막 단계가 시작된다. R&D를 하는 대신, 늘어난 거래처마다 커스터마이징을 해주느라 몇 년간 날밤을 새온 창업 때부터의 개발자들은 이제 완전히 지쳐버렸다. 수십 개로 늘어난 버전은 더 이상 아무도 정확히 관리하지 못한다. 거래처가 늘어나는 그만큼 커스터마이징 요구도 늘어나므로 개발자 수는 뽑아도 뽑아도 모자란다.

이때쯤 창업 때부터의 개발자들이 떠나고, 새로 들어온 개발자는 '이전 제품의 코드가 워낙 꼬여 있으니 아예 새로 개발하는 것이 나을 것'이라고 주장한다. 그 뒤는 우리가 다 아는 대로다. 새 버전의 출시는 대개 하염없이 지연이 되거나, 혹은 출시를 한 다음 한없는 버그에 시달리게 된다. 그리고 완전히 진이 빠진 채 빚더미에 묻힌 창업자는 결국 폐업을 결심하게 되는 것이다.

진이 빠지는 것은 창업자뿐이 아니다. 소프트웨어 개발사의 탈을 쓴 SI 하청회사에서 20대 후반에서 30대 초반의 황금기를 밑도 끝도 없는 야근으로 지새운 청년은 이윽고 학교 후배들에게, 친척 동생들에게 '절대로 소프트웨어를 개발하려 하지 말 것'과, '의대를 가든가 공무원이 될 것'을 저주처럼 들려주게 되는 것이다. 한국 사

회가 10년 뒤 변호사와 성형외과 의사만 있는 나라가 된다고 해서
이 젊은이들에게 누가 돌을 던질 수 있겠는가.

핵심은 생태계의 복원이다

미국의 인구통계조사국USCB에 따르면 미국 전체 2천500만여 기업
가운데 약 78%가 1인 기업이다. 1990년대 말 벤처 거품이 꺼지자
미 서부 실리콘밸리를 중심으로 '창조형 1인 기업' 창업 붐이 일었
다. 2005년 한 해 동안 실리콘밸리 지역에서만 3만3천 개의 1인
기업이 설립됐다고 한다.

미국 정부는 이를 통해 창출된 고용효과가 중소기업이나 대기업
의 신규 고용 수준을 넘은 것으로 분석했다. 앞에서도 다루었듯, 그
런 1인 기업의 한 축에 앱스토어에 자기가 개발한 소프트웨어를
올려 매일 2천 달러를 버는 대학생도 있다.

우리가 진심으로 고민할 것은 '생태계의 복원'이다.

생태계는 '순환'한다. 망치는 것은 한 순간이면 되지만 되살리는
데는 한 세대가 필요할 수 있다. 오픈소스 개발에 자금을 조금 더
지원한다고 해서, 대기업들이 하청업체에 자금을 지원한다고 해서
한국의 소프트웨어 업계가 살아나지는 않을 것이다. 그것은 농약을
조금 덜 친다고 해서 생태계가 되살아나는 게 아닌 것과 마찬가지
다. 생태계는 전체 사이클의 어느 하나만 건드려서 살아나지 않는

다. 한국의 소프트웨어 산업을 살리는 일이 곧 한국 사회를 되살리는 일이 되는 것은 이 때문이다.

'명텐도' 논란은 속상함의 표출

이명박 대통령이 최근 '닌텐도'와 관련한 발언을 한 뒤로 네티즌들의 반응이 떠들썩하다.

MB "닌텐도 게임기 배울 점 있다"•

이런 발언을 했는데, 이런 반응들이 나타났다.

MB "닌텐도 왜 못만드나" 발언에 IT업계 부글부글••
닌텐도와 대통령, 그리고 소통•••

• http://sisa-issue.inews24.com/php/news_view.php?g_serial=390389&g_menu=05022

•• https://www.hani.co.kr/arti/economy/economy_general/337605.html

••• https://www.bloter.net/newsView/blt200902070001

닌텐도와 '명텐도'[*]

'명텐도'는 계속된다 … '터치샵'까지 등장[**]

그래서, 靑, '명텐도 MB' 게임기 패러디에 당혹?[***]

우리나라 소프트웨어 산업 혹은 IT의 현재가 그만큼 답답하고, 속상해 하는 사람들이 많다는 얘기가 되겠다.

SW와 광고업의 닮은 점은 '최첨단 후진산업'

우리나라의 소프트웨어 산업을 가만히 들여다 보고 있으면, 그것과 기묘하게 닮은 산업이 하나 더 있다는 것을 알게 된다. 마찬가지로 최첨단의 산업군에 속해 있으면서도 묘하게 낙후되어 있는 '광고업'이 그것이다.

두 산업 분야의 상위업체는 모두 재벌그룹의 핵심 계열사다. 삼성(제일기획 외 3사), 현대기아자동차(이노션), LG(지투알), SK(SK마케

* http://biz.khan.co.kr/khan_art_view.html?artid=200902081828175

** http://www.kukinews.com/newsView/kuk200902060055

*** http://sisa-issue.inews24.com/php/news_view.php?g_serial=390656&g_menu=050220

팅&컴퍼니), GS(실버불렛) 등 재벌그룹은, 대개 그룹 광고가 매출의 과반수를 채우는 자사 광고회사를 하나씩 갖고 있다. 국내 10대 광고회사 중 8개가 자사 광고회사다.*

소프트웨어 쪽도 마찬가지다. 삼성그룹이 삼성SDS, LG그룹이 LG CNS, 현대기아차그룹이 오토에버시스템즈, SK가 SK C&C, 현대그룹이 현대 U&I, 한화 그룹이 한화 S&C를 갖고 있다.**

그룹으로부터 절대적 매출을 일으키고 있으며, 대개 세워진 직후부터 급성장을 구가한다는 점도 닮았다. 현대기아차그룹이 2005년 5월 자본금 30억 원으로 설립한 광고회사 이노션은 불과 2년 뒤인 2007년 5천88억 원의 매출을 올렸다. SK가 지난해 5월 설립한 SK마케팅&컴퍼니는 SK텔레콤, SK에너지 등의 광고 물량을 대거 흡수하면서 설립 4개월 만인 9월 기준 방송광고 매출액 3위로 단박에 뛰어올랐다.

삼성SDS는 2006년 매출 2조 1,017억 원(본사 기준) 중 1조 3,692억 원, LG CNS는 2006년 매출 1조 8,456억 원(본사 기준) 중 7,942억 원, SK C&C는 2006년 매출 1조 1,080억 원(본사 기준) 중 7,219

---

* 　재벌 광고회사엔 뭔가 특별한 것이 있다? 현대차 계열 이노션 2년만에 천억 매출 … 상암커뮤, 대우건설 물량 맡아(https://news.mt.co.kr/mtview.php?no=2007041708585654029&outlink=1&ref=%3A%2F%2F)

** 　재벌 2세가 보유한 비상장기업은 대부분 시스템통합(SI) 업체들(https://m.newspim.com/newsamp/view/20090714000225)

억 원을 그룹 관계사로부터 거둬들였다.

앞에 인용한 기사에서 보듯 총수 일가가 지분을 많이 갖고 있다는 점도 비슷하다. 이노션은 정몽구 회장이 20%, 정 회장의 아들 정의선 기아차 사장이 40%, 맏딸 정성이 이사가 40%로 전체 100%를 소유하고 있다. SK C&C는 최태원 회장이 지분 44.5%를 보유하고 있고, 한화S&C는 김승연 회장의 장남 동관 씨가 50%, 차남 동원, 막내 동선 씨가 각각 20%씩을 갖고 있다.

전자, 조선, 건설 등과 굳이 비교해보지 않더라도 이런 쟁쟁한 배경에, 이 정도 매출과 순이익을 올리는 기업들이 속해 있다면 두 산업계는 당연히 세계적인 수준이어야 정상일 것이다. 하나 실상은 정반대다.

한국정보산업연합회가 지난해 11월 SW 개발, 웹콘텐츠 개발, 컨설팅, IT 서비스 등 IT 전문인력 482명을 대상으로 한 설문조사 결과 응답자의 70%는 열악한 근무환경, 적은 급여 등으로 IT업계를 떠나고 싶다고 답했다. "소프트웨어 산업은 '저가 구매 → 경영난 심화 → 개발자 처우 열악 → 우수 인력 지원 기피 → 품질 저하'의 악순환이 다람쥐 쳇바퀴 돌듯 끊임없이 돌고 있다"라는 것이다.

광고업계도 마찬가지다. 광고대행사들의 보수는 오직 매체 집행을 한 것에 한한다. 기획과 제작의 사전 인력투입에 대해 보상받을 길은 없다. 제안 PT를 하기 위해 몇 날 며칠을 꼬박 새지만 그것에 대해 단 한 푼의 보상도 주지 않는 것도 똑같다.

즉, 영세한 독립 광고회사들(혹은 소프트웨어 회사들)은 매출을 모두 틀어 쥔 큰 광고회사(혹은 대기업 계열 SI 회사)의 하청업체로 주저앉아 큰 회사의 눈치를 볼 수 밖에 없다. 굶어 죽지 않을 만치 박한 이윤에 갖은 노역을 다해야 하는 사정도 같다. IT 종사자의 70%가 떠나고 싶다고 답한 것은 이런 여건 탓이다.

전문인력 68% "IT업계 뜨고 싶다"•
광고시장 한파, 인하우스만 명맥 유지••
소프트웨어는 바야흐로 모든 산업의 엔진이 되어가고 있다.•••

새 자동차 개발비용의 52.4%, 새 전투기 개발비용의 51.4%가 소프트웨어 개발에 들어간다는 통계라든가, BMW 7시리즈에는 광케이블이 5m나 들어가 있다는 것은 더 이상 뉴스가 아니다. 광고 역시 첨단상품의 부가가치를 몇 배나 높이는 3차산업의 꽃이다.

• http://www.dt.co.kr/contents.html?article_no=2007110802010860600004

•• https://news.mt.co.kr/mtview.php?no=2009020812434626149&outlink=1&ref=%3A%2F%2F

••• https://news.naver.com/main/read.nhn?mode=LSD&mid=sec&sid1=110&oid=086&aid=0001959835

다른 목적을 위한 수단으로 쓰는 것은 아닌지

모두가 그런 것은 아니겠고, 또 거기에 모든 책임을 뒤집어 씌워서도 안 되지만, 일부는 분명히 이 귀한 산업을 다른 목적을 위한 수단으로 써버린 것이 사실이다. 다시 말해 소프트웨어업이나, 광고업의 경쟁력을 높이는 것이 첫 번째 목적은 아니었다는 것이다. 그리고 우리가 지금 목격하듯 한국 사회의 미래를 걸머질 두 첨단 산업은 여름날 가문 밭의 고추모처럼 기형적으로 비틀어져 있다.

결과를 놓고 보면, 우리는 광고와 소프트웨어 두 분야를 산업의 초창기 일정 기간 동안 중소기업 고유 업종으로 묶어 재벌그룹이 자회사를 만들거나 매출 몰아주기를 하지 못하도록 해야 했을지도 모른다. 한국의 생기발랄한 젊은이들이 걸림 없이 뛰어 놀게 하는 데도 그 편이 나았을 것이다. 그러나 실제는 그렇지 못했고, 이제는 너무 먼 길을 와버린 것처럼 보이기도 한다. 우리에게 이제 무엇이 남아 있을까?

우리는 그룹들이 사회적 책임의 관점에서, 자신들을 둘러싼 중소기업들과 다시금 '공생하는 생태계'를 만들도록 할 수 있을까? 그것이 실은 그 기업들에도 장기적으로, 그리고 근본적으로 도움이 되는 길이라는 것을 납득시킬 수 있을까?

구글, 마이크로소프트, 애플과 같은 진짜 소프트웨어 회사들이, 상속업, 자본 몰아주기업 내지 '팔 비틀어 모조리 용역'업 따위 정체불명의 일을 하는 회사들을 차례로 지워가는 서글픈 풍경만이 우리 앞에 남아 있다면 그것은 정말 비참한 노릇이 될 것이다. 젊은 이들에게 비전과 희망을 주지 못하는 나라는 이미 망한 나라다. 우리는 모두 죄를 짓고 있는 것은 아닌가. 재기발랄하고 영특한 한국의 젊은이들에게 꿈과 비전을 되돌려 줄 때다.

네트워크의 시대,
암호의 시대

'암호'와 PKI공개키 기반구조. Public key infrastructure를 나름대로 알기 쉽게 설명하려고 한다.

유년시절을 조금은 개구지게 보낸 남자아이들에게 '암호'는 뭔가 가슴 두근거리게 만드는 그 무엇이다. 그렇다 하더라도 지금 자신들의 일상생활이 이미 온통 암호 뭉치들로 덮여 있다는 것을 알게 되는 것은 조금은 놀라운 일이 될 것이다. 자, 지금부터 흥미진진한 암호의 세계로 들어가보자.

"무전실의 암호집은 통신담당 일등 하사관인 노이하우스가 마지막으로 가지고 있었다. 하지만 지금 물에 떠 있는 그에게 암호집이 있어 보이지는 않았다. 통신하사관 키네르트는 선상에 있을 때만 해도 암호집을 안간힘을 다해 꽉 쥐고 있었다. 그러나 탈출하던 동료들에 떠밀려 갑자기 물속으로 떨어진 그가 다시 물 밖으로 떠올랐을 때 이미 암호집은 사라진 뒤였다.(마티 매켈레 저 〈막데부르크호의 비밀〉, 루돌프 키펜한 지음 〈암호의 세계〉에서 재인용)

1914년 8월 25일 독일 해군 소장 베링은 순양함 아우구스부르크와 막데부르크 그리고 어뢰정 2척을 거느리고 핀란드만 초입에 정박해 있었다. 베링 소장은 자욱한 안개 너머 오덴스홀름 섬에 있는 러시아의 장갑 순양함과 어뢰정을 모조리 쓸어버릴 심산이었다.

그러나 막데부르크호는 어이없게 오데스홀름 섬 300m 앞 바다에서 암초에 걸려 좌초해버렸다. 빠져나올 방법이 없다는 것을 알게 된 수병들은 문서들을 폐기하기 위해 전력을 다했지만, 결국 배에 실려있던 〈독일제국 해군 암호집〉 3권 중 2권이 러시아의 수중으로 들어갔다. '유럽의 전쟁'에 말려들지 않기 위해 전력을 다하던 미국의 노력을 일거에 수포로 돌아가게 한 저 유명한 〈치머만 전문〉 사건의 뒤에는 바로 막데부르크호가 있었던 것이다.

일반인들에게 암호는 세 가지 모습으로 비춰진다. 첫 번째로 암호는 "누구도 풀지 못하도록 만드는 게임"이다. 그것은 무엇보다 '해독'에 관한 일이다. 영화에서 흔히 볼 수 있는 천재들 간의 대결은 이런 생각의 반영과 다름이 없다. 두 번째로 암호는 "우리와는 아무 상관이 없는 것"이다. 그것은 셜록 홈즈나, 루팡 혹은 007의 영역일 뿐이다. 세 번째로 놀랍게도 사실은 우리는 암호 없이는 거의 한 발짝도 움직일 수 없는 새로운 네트워크의 세계로 들어서고 있다는 것이다.

암호에는 2가지 영역이 있다. 하나는 '해독'의 영역이고, 다른 하나는 잘 알려져 있지는 않으나 훨씬 중요한 '전달'(키 관리라고도 한다)의 영역이다. 해독에는 '두뇌'가 필요하고, 전달에는 '엄청난 돈'이 든다.

독일제국 해군의 예를 들어보자. 만일 코드북을 적이 입수했다는 사실을 독일 해군이 알았더라면 어떤 일이 일어났을까? 제국 해군은 즉시 독일군 전군의 암호체계를 중지해야 하고, 그간 이 암호체계로 전달되고 저장되어온 모든 문서들을 즉각 파기하거나, 다른 암호체계로 저장해야 한다. 새로운 암호체계를 개발할 때까지 모든 비문 통신은 중단되며, 이 암호체계는 대서양 깊숙한 곳의 U보트를 포함해 모든 독일군과, 런던, 모스크바에 있는 첩자들에게까지 '무사히' 전달되어야 한다.

이쯤이면 왜 암호의 세계에서 '해독'보다 '전달'이 더 중요하고 비용이 훨씬 많이 드는지를 알게 되었을 것이다. 세계 최고의 수학자가 만든 암호를 풀기 위해 반드시 세계 최고의 컴퓨터를 동원할 필요는 없다. 그 암호의 키를 어디선가 낚아채면 되기 때문이다.

독일군이 당시 사용하던 암호체계는 '에니그마'라는 고도로 복잡한 암호 생성기계를 사용한 것이었다. 컴퓨터가 발명되지 않았던 당시 '에니그마'는 당대 최고수준의 암호 생성기였고, 에니그마를 이용한 암호전문을 풀기 위해서는 상당한 양의 에니그마 전문 자료와, 수천 명의 전문가들 그리고 수백 시간이 필요했다. 그러나 〈독일제국 해군 암호집〉이 독일군이 모르는 사이에 상대에게 넘어가 버리자 그 강력한 에니그마는 그만 힘을 잃어버리게 된 것이다. (사실은 에니그마를 푸는 데는 영국과 폴란드, 프랑스의 당대 최고의 수학자들의 오랜 동안의 노력이 필요했다. 여기서 암호집의 분실을 언급한 것은 그것이 에니그마를 푸는 데 중요한 고리가 됐다는 점과 함께, 아래에서 설명하는 대칭키의 약점과, 암호에는 해독 못지않게 '전달'이 중요하다는 것을 강조하기 위해서다.)

이런 암호들을 대칭 키 방식이라고 부른다. 대칭 키란 하나의 단어에 대해 하나의 암호, 혹은 하나의 문구에 대해 하나의 암호가 대응하는 방식이라는 뜻이다.

가령 '치머만 전문'에서 97556은 독일 제국 외무장관 '치머만', 52262는 '일본', 67893은 '멕시코'였다. 이렇게 해서 멕시코와 일본이 미국을 공격하게 해서 미국으로 하여금 유럽의 전쟁에 개입할 수 없도록 하려는 독일군의 의도가 백일하에 드러나 버리고 말았던 것이다.

U보트를 이용해 영국으로 들어가는 모든 배를 격침시킴으로써 유럽에서의 유일한 경쟁자 영국을 고립시키려 했던 독일로서는 당시 미국의 개입이 초미의 관심사일 수 밖에 없었다. 영국행 배의 상당수가 미국 국적의 화물선이었기 때문이다. 대서양에서 미국 상선

의 이유 없는 침몰이 끊임없이 이어진다면 미국으로서도 더 이상 불개입정책을 고수하기는 어려웠을 것이다. 그런 점에서 치머만과 독일의 전략은 상당한 파괴력을 갖는 것이었다. 당시 미국과의 분쟁에서 텍사스를 빼앗긴 멕시코는 어떻게든 미국으로부터 영토를 되찾기 위해 고심하고 있던 시점이었고, 독일은 그를 도울 수 있었던 것이다.

일상생활에서도 대칭 키는 쉽게 만들어 활용할 수 있다. 예를 들어 ㄱ, ㄴ, ㄷ, ㄹ 자음에 차례대로 01, 02, 03, 04 숫자를 붙이고, 모음에 대해서도 이어서 숫자를 붙인다면 모든 한글은 숫자로 바뀐다. 가령 '안철수'는 08 15 02 10 17 04 07 21이 된다. 좀 더 복잡하게 하고 싶다면, 이 숫자들을 $y = 3x + 54$와 같은 식에 대입하여 바꿔주거나, 자모음을 순서 없이 뒤섞은 다음에 숫자를 붙이면 된다. '자모음의 순서'와 사용한 '수식'은 상대에게 미리 전달되어야 하는데, 여기서 역시 '전달'의 비용이 필요하다. 이런 대칭 키의 약점은 앞에서 본 바와 같이 '전달'에 지나치게 많은 비용이 들게 되고, 한 번 뚫리면 그 암호체계를 사용한 모든 암호문이 모조리 평문으로 드러나 버린다는 것이다. 아무리 교묘하고 복잡한 수식을 활용하고, 순서를 어떻게 뒤섞어 놓든 의미가 없는 일이 되어 버린다.

이런 류의 대칭 키는 실은 그 순서와 수식을 몰라도 풀 수 있는 방법이 있다. 충분한 양의 암호화된 전문을 입수할 수 있다면 언어에서의 자모음의 빈도에 따라 추리를 해볼 수 있기 때문이다. 가령 영어에서 가장 많이 나오는 알파벳은 'E'다. 한 권의 책 분량 정도의 암호 전문을 입수할 수 있다면 우리는 오랜 시간이 지나지 않아 그 암호 전문을 해독할 수 있을 것이다. 집에 있는 펜티엄급의 컴퓨터라면 충분하다.

이런 식의 암호를 대칭 키라고 부른다면, 당연히 '비대칭' 키도 있을 것이라고 짐작해볼 만하다. 맞다. 비대칭 키도 있다. PKI는 그 중에서도 암호 키의 일부를 아예 모든 사람이 볼 수 있도록 공개해버렸다는 점에서 아주 독창적이다. 그래서 이 구조를 공개 키 기반 구조라고 부르는 것이다.

앞에서, 글자를 복잡한 과정을 통해 숫자나 기호로 바꾸는, 즉 환자換字하는 방식의 대칭 키의 경우 그 통계적 특성으로 인해 쉽게 해독되는 약점이 있다고 했다. 이런 해독법을 막아보려는 시도에 대해 간단히 짚어보기로 하자.

영어의 알파벳을, 많이 쓰이는 순으로 통계를 내보면 E가 대략 12% 나타나고, T가 10%, A가 9%, 가장 적게 쓰이는 Q와 Z가 각각 1%를 차지한다. 그러므로 알파벳을 숫자나 다른 기호로 바꾼다고 하더라도, 암호 전문의 양이 충분히 많기만 하다면 그것을 정상적인 영문으로 바꾸는 것은 의외로 쉽다.

이것을 막으려는 놀라운 시도 중의 한 가지. 각 알파벳에 대해 빈도 수만큼 숫자를 할당한다. 가령 E는 12개의 서로 다른 숫자를 갖고, A는 9개의 수를 갖게 된다. 그 다음 전달해야 할 영어 문장을 이 숫자들로 고치면, 모든 숫자들은 동등하게 1%의 확률로 나타나게 된다. 즉, E는 Z보다 12번 더 많이 쓰이지만 쓰일 때마다 한 개의 단일한 수 대신 12개의 다른 숫자들로 바뀜으로써 그 통계적 특성을 감추게 된다. 즉, 암호문을 놓고, 가장 많이 나타난 숫자가 E고, 가장 적게 쓰인 수가 Z다 하는 식의 추론이 불가능하게 된 것이다.

그래서 드디어 대칭 키가 낮을 들게 된 것일까? 불행히도 여전히 통계적 특성이 남는다. E가 12%의 비중을 차지한다는 특성은 사라지나, 영어에는 th, the, ing처럼 두 철자씩, 혹은 세 철자씩 묶여서 자주 쓰이는 단어들이 많다. 이런 두 글자, 세 글자 조합에서 여전히 통계적 특성이 나타나게 되는 것이다. 그 외에도 각 알파벳에 할당된 숫자들이 무엇인지를 알려주는 "순서와 규칙이 별도로 전달되어야 한다"는 '전달' 비용의 문제는 여전히 남는다. 굳이 통계적 연산을 힘들게 할 필요 없이 코드북을 어디선가 훔치면 그뿐이라는 것이다.

그렇다면 코드북을 '전달'하지 않고 암호를 교환할 수는 없을까?

독창적인 시도들이 있다. 지금부터 함께 놀라운 '비대칭 키'의 세계로 들어가 보자.

비대칭 키란 말 그대로 암호문과 평문(암호화하기 전의 보통 글)이 일대일로 매칭되지 않는다는 것이다. 예를 들어 설명해보자. 철수가 영희에게 중요한 편지를 전달하려고 하고, 병태가 이를 훔쳐보려고 한다고 가정해보자. 전제는 철수가 영희에게 코드북을 전달하지 않고도 암호문을 교환할 수 있어야 한다는 것이다.

먼저 철수는 편지를 쓴 다음 그것을 상자에 넣고, 오직 자기만이 갖고 있는 키로 상자를 잠가 영희에게 보낸다. 병태, 혹은 영희조차 그 상자를 열 길이 없다. 즉, 코드북─여기서는 그것을 열 수 있는 열쇠─이 누구에게도 전달되지 않은 것이다.

영희는 그 상자를 여는 대신, 자신의 자물쇠를 그 상자에 한 번 더 매달아 철수에게 돌려보낸다. 병태는 2개의 자물쇠가 달린 이 상자를 역시 열 수 없다. 철수는 자신의 자물쇠를 연 다음, 그 상자를 다시 영희에게 보낸다. 이제 영희는 자신의 자물쇠만 달린 상자를 연 다음 편지를 읽는다. 어떤가? 이것은 아주 훌륭한 시도다. 병태는 이 상자를 열 방법이 없고, 철수와 영희는 코드북을 주고받을 필요가 없다. 오!

아직 끝난 것은 아니다. 이 방식의 약점은 철수가 어떻게 영희의 자물쇠를 알아볼 수 있는가 하는 데 있다. 즉, 철수가 영희에게 보낸 상자를 병태가 도중에 가로채서 영희의 것과 똑같이 보이는 자신의 자물쇠를 달아서 철수에게 보낼 때, 철수가 어떻게 하면 속지 않을 수 있는가 하는 것이다. 이 방식은 상대를 100% 확신할 수 있는 방법이 없다.

한 걸음 더 나아가 보자. 이번에는 상대방을 확인하는 방법이다. 열쇠 구멍이 셋 달린 자물쇠가 있고 갑, 을, 병, 세 개의 열쇠가 있다고 하자. 이 자물쇠는 셋 중 갑을 포함한 2개의 열쇠가 있으면 열린다. 즉, 갑과 을 또는 갑과 병을 갖고 있으면 이 자물쇠를 잠그거나 열 수 있다.

또 하나의 특징은 갑과 을로 잠그면, 갑과 병으로만 열 수 있고, 그 역도 마찬가지라는 것이다. 영희는 이 자물쇠와 갑과 을이라는 두 개의 열쇠를 온 동네 사람들에게 모두 준다. 자신은 갑과 병만 갖고 있다. (즉, 영희는 코드북의 일부를 온 동네에 공개해버렸다.) 이제 철수를 포함하여 온 동네 총각들이 모두 병태에게 들킬 염려 없이 마음 놓고 편지를 영희에게 보낼 수 있다. 누가 보내든, 열 수 있는 사람은 오직 영희밖에 없기 때문이다. 드디어!

드디어 문제가 다 풀렸는가? 이 방식에도 문제가 있다. 즉, 보낸 사람이 철수라는 것을 영희가 어떻게 알 수 있는가 하는 것이다. 반대의 문제가 발생한 셈이다. 답은 쉽다. 철수도 자신의 자물쇠를 만들어서 온 동네에 뿌리면 된다. 철수가 갑과 병으로 잠근 자물쇠를 영희의 것과 함께 상자에 달아서 보내면, 영희는 우선 철수의 자물쇠를 열어보고, 그것이 틀림없이 철수의 자물쇠라는 것을 확인한 다음에(병으로 잠글 수 있는 사람은 철수밖에 없으므로) 자신의 자물쇠를 열어서 편지를 읽으면 되는 것이다.

이것이 바로 공개 키 기반구조PKI, Public Key Infrastructure의 원리다. 공개 키 기반구조는 코드북의 절반을 공개하고도 여전히 비밀을 유지할 수가 있다. 이 방식에 '기반구조'라는 거창한 이름이 붙은 이유는, 누군가 아주 '믿을만한 제3자'(이것을 TTP, Trusted Third Party라고 한다.)가 열쇠들을 확인해서 나눠주어야 하기 때문이다. 현실에서는 정부가 인정한 공인인증기관CA, Certificate Authority이 이 역할을 담당한다. 공인인증기관은 공개 키(위에서는 영희가 나눠준 갑과 을, 그리고 자물쇠)를 보관하고 있다가 누구든 요청하면 나눠준다. 개인 키(갑과 병)는 오직 본인만이 갖고 있게 된다.

지금까지 비유로 설명한 것들은 기실 아주 어려운 수학적 알고리듬에 기초하고 있다. 기본적 원리는, 한쪽으로는 계산이 쉽지만 뒤집어서 계산하기는 어려운 성질을 가진(이런 성질을 일방향성이라고 부른다.) 수학 함수를 이용하는 것이다. 예를 들면 정수의 소인수 분해가 그것이다. 주어진 두 개의 소수의 곱을 찾는 문제는 쉽다. 그러나 주어진 합성수를 나눠서 원래의 두 개의 소수를 찾는 문제라면 아주 어렵다. 여기에 모듈 연산과 지수승, 길이가 수천 비트에 이르는 큰 소수가 사용된다.(제발 더 이상 묻지 말라!) 이렇게 하면 p라는 소수를 이용해 암호화한 것은 오직 q라는 소수로만 해독할 수 있고, 그 역도 마찬가지가 된다.

다시 본론으로 돌아가서, 이 방식의 유리한 점은 여러 가지가 있다. 우선 영희가 개인 키를 잃어버렸을 때조차 전체 암호체계는 깨지지 않는다. 단지 영희의 프라이버시가 위험에 처할 뿐이다. 이것은 마치 유조선을 만들 때 외벽을 칸마다 격자로 분리해서 배의 어딘가에 구멍이 뚫려도 뚫린 곳에만 물이 차게 하는 것과 같은 이치다. 막데부르크호에 실린 독일제국 해군의 코드집의 악몽은 더 이상 되풀이되지 않는다.

이 방식을 이용하면 상대가 누구인지를 정확히 알 수 있다. '갑과 병', 즉 개인 키로 잠글 수 있는 것은 오직 본인뿐이기 때문이다. 우리는 이것을 '갑과 을', 즉 공개 키로 열어봄으로써 확인할 수 있다. 이를 '인증'이라고 한다.

'갑과 병', 즉 개인 키로 자신의 자물쇠를 잠글 수 있는 것은 본인뿐이므로, 한 번 잠근 내용에 대해서는 부인하지 못한다. 이를 '서명'이라고 하며, 때에 따라 '부인 봉쇄', 즉 "자신이 서명한 사실을 부인할 수 없다"라고 한다.

편지를 받을 사람의 공개 키, 즉 갑과 을로 채워 보낼 때, 오직 갑과 병, 즉 개인 키를 가진 진짜 상대만이 그것을 열 수 있다. 이를 '암호화'라고 한다. 공인인증기관에 가서 받을 사람의 공개 키를 얻어다가 암호화를 한 다음, 그 사람에게 보내면 그 편지를 도중에 누가 가로채든 아무 상관이 없다. 본인이 아니라면 열어볼 수가 없기 때문이다.

현재로서는 공개 키 기반구조PKI가, 알려진 가장 안전하고 효율적인 암호방식이다. 이 때문에 전 세계적으로도, 현실 세계에서의 인감 혹은 서명과 동일한 효력을 갖는 '전자서명'의 수단으로 '공개 키 기반구조'가 대세를 이루고 있기도 하다.

우리는 여전히 이런 사례들을 시시때때로 보고 있다. 게임 사이트에서 아이디와 비밀번호를 훔쳐 사이버 머니 수억 원을 가로채고, 온라인으로 수십억 원짜리 계약을 하겠다고 한 뒤에 그런 적이 없다고 부인하고, 회사 기밀을 이메일로 보냈는데 경쟁사가 모조리 읽어보고…

사이트에 로그인을 하려 하든(인증), 안전하게 편지를 쓰려 하든(암호화), 믿을 수 있는 계약을 하려 하든(서명과 부인 봉쇄와 암호화), 호적 초본과 주민 등록 등본을 떼려 하든(인증과 서명, 암호화), 기실 암호가 없이는 아무 것도 할 수가 없다. 네트워크의 세기는 곧 암호의 세기다.

멈출 수
없다

　인류의 역사가 본래부터 '발전'했던 것은 아니다. 대부분의 시간 동안 사람들에게 역사는 그저 순환하는 것으로 비쳤다. 봄 여름 가을 겨울이 가면 다시 봄이 시작되듯 시간은 계절처럼 되풀이됐고, 직업과 신분은 태어나기 전부터 하늘이 내린 것처럼 정해져 있었다.

　역사가 발전하기 시작한 것은 계몽주의가 나타나면서부터다. 물처럼 고여 있던 시간이 요동치기 시작했다. 계몽주의는 둥글게 순환하던 시간을 과거에서 미래로 일직선으로 곧게 펼쳤다.

　'발전'은 이전보다 지금이, 또 미래가 더 나아진다는 것을 뜻한다. 이전보다 '더 나아졌다'고 말할 수 있으려면, 어떤 점에서 그러하다고 할 수 있는 판단기준이 있어야 한다. 모든 사람들이 함께 "더 나아졌다"라고 동의하려면 그 기준은 객관적이고 보편타당해야 한다. 계몽주의는 그것을 인간의 '이성'에서 찾았다. 모든 인간은 합리적이고 명확한 이성을 가지고 있다는 것이다. 신이 처음으로 권좌에서 내려왔다.

백과사전과 동물원은 계몽주의를 상징하는 두 개의 아이콘이다. 인간의 이성으로 전체 우주를 송두리째 해석해 낱낱이 이름을 붙이려는 시도가 전자였다면, 인간의 힘으로 재창조한 소우주가 후자였다. 인간은 이성을 동력으로 끊임없이 발전해 마침내 자신의 힘으로 자연을 정복하고 우주를 재구성할 터였다.

자본주의와 공산주의는 상극처럼 보이지만, 실은 계몽주의가 낳은 이란성 쌍생아다. 한쪽이 역사 발전의 끝을 틔워놓았다면 다른 한쪽은 역사의 마지막 단계로 공산주의 사회를 설정해둔 것이 차이점이라고 할까. 인간의 합리적인 이성과, 역사의 발전에 대해 한 치의 의심도 품지 않는다는 점에서, 만족을 모르는 끝도 없는 '발전'을 추구한다는 점에서 둘은 근본적으로 닮아 있다.

1차 세계대전 무렵 인간의 이성과 합리성에 대해 근본적인 회의를 표한 '다다이즘'과 같은 사조들이 없지는 않았지만, '발전'의 대해에서 잔물결 이상은 되지 못했고, 역사의 발전에 대한 믿음은 신성불가침의 영역으로 살아남았다. 자본주의의 본령 미국에서부터, 공산주의를 가죽만 남긴 듯한 중국, 심지어 흡사 주체사상의 제정일치국과 같은 이북에서조차 발전의 구호가 사회를 지배하고 있다.

발전의 단일지배는 아무런 흠결을 남기지 않은 듯하다. 심지어 우주조차 빅뱅 이후 끊임없이 크기를 넓히며 '발전'해가고 있지 않은가.

그 우주의 뜻밖의 장소에서 우리는 예외를 만난다. 그것은 아주 가까이에 있다. 숟가락과 젓가락이 발전을 멈춘 지는 이미 백 년이 넘었다. 책상과 걸상도 그 본연의 구조에서 그대로다. 반도체는 도서관을 송두리째 담을 수 있을 정도로 놀라운 발전을 거듭하고 있지만, 키보드는 전혀 작아지지 않은 채 그 모양 그대로다. 쇤베르크가 무조주의 음악, 12음기법을 창안해내며 음악을 '발전'시켰어도, 우리가 가장 많이 듣는 것은 모짜르트, 바하, 베토벤이고, 박병천의 넋풀이는 죽은 자뿐 아니라 살아있는 사람의 영혼을 훑고 지나간다.

키보드가 더 작아질 수 없는 것은 우리의 손가락이 더 작아질 수 없기 때문이다. 수저가 바뀌지 않는 것은 인간의 입과 손이 더 발전하지 않기 때문이고, 책걸상이 발전하지 않는 것은 우리 엉덩이와 다리가 더 발전하지 않기 때문이다. 음악이 더 발전하지 않는 것은 우리의 귀가, 우리의 영혼이 더 발전하지 않기 때문이다. '끊임없는 발전'은 이 지점에서 발을 멈춘다.

아주 궁금하고, 또 간절히 바라는 것은, 계몽주의의 자식인 이 '끊임없는 발전'을 인간을 위해 제어할 방법, 또 다른 철학이다. 인간이 발전을 제어할 수 없게 되어가고 있다는 것은 갈수록 분명해져 가고 있다. '세계화'에 대한 가장 강력한 변명, 세계화에 대한 가장 단호한 명분이 "거스를 수 없는 대세"라는 것은, 우리가 발전을 제어할 수단을 가지고 있지 못하다는 것을 단적으로 보여준다. 사람의 입, 사람의 귀, 사람의 손, 사람의 마음은 더 발전하지 않는다.

역사의 어디쯤에선가 우리가 원할 때 "이제 그만 충분하다"라고 속도를 늦추고, 멈춰 쉴 수도 있어야 한다. 우리는 무엇으로 그렇게 할 수 있을까.